大道至简

——基于生物学和物理学的经济商业法则

杨 晨 著

中国言实出版社

图书在版编目（CIP）数据

大道至简：基于生物学和物理学的经济商业法则 / 杨晨著 . -- 北京：中国言实出版社, 2025.4. -- ISBN 978-7-5171-5077-0

Ⅰ . C49

中国国家版本馆 CIP 数据核字第 20250A1A25 号

大道至简
——基于生物学和物理学的经济商业法则

责任编辑：郭江妮
责任校对：史会美

出版发行：中国言实出版社
    地　址：北京市朝阳区北苑路 180 号加利大厦 5 号楼 105 室
    邮　编：100101
    编辑部：北京市海淀区花园北路 35 号院 9 号楼 302 室
    邮　编：100083
    电　话：010-64924853（总编室）　010-64924716（发行部）
    网　址：www.zgyscbs.cn　电子邮箱：zgyscbs@263.net

经　销：新华书店
印　刷：三河市祥达印刷包装有限公司
版　次：2025 年 4 月第 1 版　2025 年 4 月第 1 次印刷
规　格：880 毫米 × 1230 毫米　1/32　7.25 印张
字　数：146 千字

定　价：45.00 元
书　号：ISBN 978-7-5171-5077-0

序 言

我过去总以为，世界应该是简单的，但是现实告诉我世界是复杂的。从学习到工作到写作，从少年到青年再到中年，经历的事情在不断增多，记录的读书笔记在不断增多，脑海中的思考也在不断增多，但是随之而来的是冲突也在不断增加，无论是现实事件冲击内心固有思考，还是内心想法无法有效指导现实行事。

我时常在想，为什么小孩子往往能够无忧无虑，为什么越长大越烦恼？我也时常在回忆我的学生时代，是因为学不会而烦恼吗？也许问题本身就是答案，小孩子也好，学生也罢，在他们的世界里，世界往往是非黑即白的，事情和知识也常常是非对即错的。换而言之，他们的世界很简单，所以他们很快乐。是啊，因为简单所以快乐，成人的世界往往似是而非，所以我们不快乐！

因此，我将自己历年来记的读书笔记拿出来重新翻看，结合自己的生物和物理学科背景重新做了梳理，也把近年来发生的事情做了重新理顺，发现无论是思考总结还是为人处事，总可以简化到有限个"要素"，而这些要素背后反映的道理都是一致的，"大道至简"似乎适合于任何思考、行为、立场、为人、处事，"大道至简"的核心在于简化复杂事物，抓住本质，进而实现整体优化。它可以让你在面对复杂的经济和商业问题时不再迷茫，更重要的是让你变得快乐！

另外，本书涉及到的学科知识点可能有些繁杂，如果想半个小时内通读这本书，只需要重点关注下划线标注的地方。

目　录

第一章　哲学篇

1. 选择去做是人生重要的课程 …………………………… 003
   - 1.1　是否相关 …………………………………………… 004
   - 1.2　权衡利弊 …………………………………………… 007
   - 1.3　做出选择 …………………………………………… 010
   - 总结提升 ………………………………………………… 013
2. 学习力是人生重要的倚仗 ………………………………… 016
   - 2.1　世界观 ……………………………………………… 017
   - 2.2　方法论 ……………………………………………… 020
   - 2.3　数据库 ……………………………………………… 023
   - 总结提升 ………………………………………………… 027
3. 现代社会"生态圈"：能力、财力、魅力 ……………… 030
   - 3.1　能力 ………………………………………………… 031
   - 3.2　财力 ………………………………………………… 032
   - 3.3　魅力 ………………………………………………… 034

总结提升 ··· 036

4. 现代社会处世：数据 + 资源 + 方法 + 态度 ·············· 040
　　4.1　数据 ·· 041
　　4.2　资源 ·· 043
　　4.3　方法 ·· 044
　　4.4　态度 ·· 046
　　总结提升 ··· 048
　　参考文献 ··· 050

第二章　认知篇

1. 无法准确预测是世界的本质运行规律 ····················· 053
　　1.1　测不准原理 ·· 055
　　1.2　三体问题 ·· 057
　　1.3　薛定谔的猫 ·· 060
　　1.4　不可能三角 ·· 062
　　总结提升 ··· 065

2. 梯度，顺势而为者莫过于势如破竹 ······················· 068
　　2.1　一维比长度，二维比面积，三维比体积：
　　　　 $90 < 45 \times 45 < 30 \times 30 \times 30$ ········ 073
　　2.2　蓄势是为了生存和发展，生命如此，
　　　　 企业亦如此 ·· 076
　　总结提升 ··· 078

3. 核心变量不同，可能导致同样的事情有截然不同的
   表象·· 081
   3.1 速度，需求量与供给量的相对增长速度决定
        了一项事物未来升值还是贬值 ·············· 083
   3.2 投资与消费的区别可以从标的物是通胀还是
        通缩的角度来把握······························ 085
   3.3 重复的教育导致思维惯性，固化的核心变量
        破坏力巨大······································· 089
   总结提升··· 092
4. 复利公式：$F=P*(1+i)^n$，掌握核心变量 ········· 095
   4.1 初始值·· 097
   4.2 增长率·· 099
   4.3 时间··· 101
   总结提升··· 103
   参考文献··· 105

第三章　经济篇

1. 经济史就像一部生物进化史 ························· 109
   1.1 资源··· 111
   1.2 资产··· 113
   1.3 资本··· 115
   1.4 生命本身就是最美的负熵······················ 116
   总结提升··· 118

2. 经济解决的突出问题：需求不能得到完全满足 ……… 122
　2.1　在时间上存在错配 ……………………………… 124
　2.2　在空间上存在错配 ……………………………… 127
　2.3　在质量上存在错配 ……………………………… 131
　2.4　供需关系而非成本对价格的影响更大　133
　总结提升 ……………………………………………… 135

3. 经济循环三环节：生产、分配、使用 …………… 137
　3.1　生产 ……………………………………………… 140
　3.2　分配 ……………………………………………… 141
　3.3　使用 ……………………………………………… 143
　总结提升 ……………………………………………… 145

4. 消费者对啥有信心，啥就值钱 …………………… 149
　4.1　商家需要做好的一件重要事情：让基数最大的客户群体开心 ……………………………………… 151
　4.2　信用社会信心比黄金更重要 ………………… 153
　4.3　物以稀为贵 …………………………………… 155
　总结提升 ……………………………………………… 157
　参考文献 ……………………………………………… 157

第四章　商业篇

1. 上兵伐谋，其次伐交，其次伐兵，其下攻城 ……… 161
　1.1　在商业运作中，智慧与战略无疑是企业成功的核心要素 ……………………………………………… 163

  1.2 企业的交际能力也至关重要 ·················· 165

  1.3 主帅的领导能力和企业资源的整合能力是企业

     成功的重要因素 ···························· 167

  1.4 单纯项目和技术的比拼是企业发展的最差

     选择 ······································ 169

  总结提升 ·· 171

2. 垄断——高额利润的重要来源 ························ 174

  2.1 自然垄断 ·································· 176

  2.2 制度垄断 ·································· 178

  2.3 技术垄断 ·································· 181

  2.4 共识垄断 ·································· 183

  总结提升 ·· 186

3. 以燃爆体验为核心的新商业 ·························· 189

  3.1 新能源汽车对传统燃油车的替代是大势

     所趋 ······································ 191

  3.2 元宇宙——一种全新的经济生态 ············ 193

  3.3 短视频与直播带货将"人找货"升级为

     "货找人" ·································· 195

  3.4 AI 来了,你会被替代吗? ·················· 197

  总结提升 ·· 202

4. 生意想翻倍,不需要全要素同步翻倍 ·················· 205

  4.1 将比较优势发挥到极致 ····················· 208

  4.2 将短板补充到及格水平 ····················· 210

4.3 追求发展的同时注重可持续性 …………………… 212
总结提升 …………………… 214
参考文献 …………………… 216
后　记 …………………… 218

第一章 哲学篇

1. 选择去做是人生重要的课程

人无非就是人这一种生命形式占据了一定的时间长度，与其他生命最大的不同之处或许是因为人会深入思考、承担责任。

生命形式无法改变，也无法减缓或者加速时间的流逝，那么人生最大的不同就是对内外环境变化选择的不同应对方式。选择可以是简单的，比如选择早餐吃什么；也可以是复杂的，比如选择职业方向。但无论选择的大小，其背后的逻辑和影响都是值得深入探讨的，这个过程也是值得归纳总结的。

有时候，选择比努力重要，一个是方向，一个是过程：方向决定成败，过程只是修补。

1.1 是否相关

我们常说，做一件事情需要动机，没有动机的行为往往缺乏持续性和深刻度，但是一来动机这个词比较抽象，二来不能实际指导我们的行为。相比而言，我们更习惯于用"先做什么、再做什么、最后做什么"的思考行为方式来实际做一件事情。

想做一件事的动因无论是外在要求还是内心主动，我们首先要做的就是判断这件事跟自己是否相关，严格一点来说是判断是否跟自己强相关。如果跟自己相关，再根据相关性大小匹配投入的时间和精力。

在生活中，我们常常会被各种与自己不相关的事情所包围。这些事情可能是社交媒体上的热门话题、他人的琐事纷争，或者是一些与我们的生活轨迹并无直接关联的新闻动态。然而，这些看似无关紧要的事情却往往有着强大的吸引力，容易分散我们的注意力，让我们在不知不觉中浪费了大量的时间和精力。当事情与自己不相关时，我们应当学会合理分配时间和精力，投入到更有意义的事情中。

在自然选择和生命进化的过程中，这种"关联性判断"机制是普遍存在的。拿动物界里的一个经典问题作比喻，为什么北极熊不吃企鹅？自然选择的逻辑不仅是基于地理位置的远近，还包括了资源利用效率和生存竞争等因素。北极熊不吃企鹅，不单是因为地域上的分离，更是因为北极熊的生存策略是优化了的，换句话说，北极熊与南极企鹅之间的关系不再是强相关关系。

北极熊在北极的生态位使其更倾向于捕食海豹等当地的猎物，这些猎物在能量获取和捕食难度上与北极熊的适应性更为匹配。若北极熊硬要捕食企鹅，不仅需要跨越海洋这一自然障碍，还可能面临着能量投入产出比的不合理，甚至可能因此失去对北极地区其他猎物的捕食机会，这无疑是生存竞争中的不利选择。

生物学认为，每一个物种的演化都是为了更好地适应周围环境的变迁，每一个物种的演化都倾向于更好、更快适应这种变化。那些能够快速准确判断与自身生存发展高度相关因素的物种往往能更好地利用资源，提高生存和繁衍效率。

每一个物种都需要判断其周围事物是否有益于其自身及

其后代的生存。例如，在食物链中，捕食者必须能够快速判断哪些猎物是可以捕食的，哪些是有毒或者难以捕获的；在繁衍后代方面，物种也必须识别哪些是适合的配偶，以确保后代的遗传优势和生存能力。这些判断直接关系到物种的生存和繁衍，是自然选择过程中最为关键的生存策略。

因此，从能量利用效率的角度来看，"关联性判断"是自然选择赋予物种的一种适应环境、生存繁衍的智慧。北极熊与企鹅的例子仅仅是一种情形，类似的故事在生命进化过程中层出不穷，它揭示了生命进化中那些微妙而关键的生存智慧。

个体层面，许多动物个体能够通过关联性判断来寻找食物。例如，松鼠会将秋天橡树果实的成熟与特定的季节、地点和树木形态等线索关联起来。它们记住橡树果实多生长在高大、树皮粗糙的老橡树上，并且在秋季成熟。当松鼠看到橡树叶子开始变黄，它就会判断果实即将成熟，于是在这些树上寻找食物。这种关联性判断机制帮助松鼠个体有效地获取食物，从而满足自身的能量需求，增加生存几率。如果没有这种机制，松鼠可能会在不恰当的地方或时间浪费精力寻找食物，导致营养不良甚至饿死。我们可以借鉴关联性判断原理，从而更加合理有效地利用时间和精力，及时准确对相关性做出判断，进而做出更有智慧的选择。

物种层面，不同物种能够在生态系统中合理地分化生态位，避免了过度竞争。比方说，在一个森林生态系统中，不同鸟类物种会根据食物资源的分布和自身获取食物的能力来占据不同的生态位。例如，啄木鸟会将树木中的蛀虫活动与树木的状态（如树干发出空洞的声音）关联起来，它们通过敲击树干，根据声音判断是否有蛀虫，然后以蛀虫为食。而雀类则会将种子的形态、位置（如在草丛中或灌木上）等因素与食物获取关联起来，主要以各种植物种子为食。每个物种都能够利用特定的资源，从而使整个物种在生态系统中有自己的生存空间，有利于物种的长期稳定生存。如果没有这种机制，物种之间会因为食物等资源的竞争而导致部分物种灭绝，破坏生态平衡。这种关联性判断机制是生命进化史上的一笔珍贵财富，指导着物种不断适应环境，推动着生命的进化与多样性。

从另一个角度讲，"好钢用在刀刃上"是一种生存智慧，更是一种人生智慧。

1.2 权衡利弊

"与己相关"只是去做一件事的前提条件，第二步是"权衡利弊"。无论是已有预案还是临时方案，永远都要记得"放弃"也是"权衡利弊"方案的一种。

"权衡利弊"从生物学角度讲也属于一种种群生存竞争的策略。生物为了生存和繁衍，必须对周围环境的资源、风险和自身实力进行估量，做出最佳的决策，这一过程本质上是一种生物学上的成本效益分析。

个体在实施某项具体行为前，无论是有意识还是无意识的，必须权衡这一行为所带来的能量投入与可能获得的生存与繁衍产出之间孰大孰小，甚至比较不同的行动方案之间孰优孰劣。例如，狮子在狩猎时会评估猎物的大小、速度以及潜在的逃逸概率，从而决定是否展开追捕。

进化就是把合适的生存和繁衍方式保留下来，把不合适的淘汰掉，那些能够做出正确决策的个体，更有可能生存下来并传递它们的基因。这样的决策不仅包括对食物、伴侣和栖息地的选择，还包括在面对天敌或自然灾害时的逃避策略。<u>选择放弃，有时反而能节省宝贵的能量，提高生存率。</u>比如说，在严冬来临时，一些鸟类选择迁徙而非留守，放弃了当前的生存环境，但却获得了更大的生存机会。

在进化过程中，很多（尤其是社会性）动物会形成更为复杂的社会关系与合作形式，这时的"耗损判断"就不能再简单考虑一个个体或者一个时点。比如，工蜂放弃自身繁育后代的机会而全力帮助蜂后繁育后代，虽然从个体角度而言，工蜂放弃了直接的繁衍机会，但从整个蜂群的角度来看，这种合作策略极大增强了群体的生存和繁衍能力。

生物进化过程中也会发展出应对短期事件的灵活转变策略，在周围环境发生剧烈变化时，那些能够迅速调整自身行为的物种更容易获得生存机会。比如一些捕食者会在猎物稀缺时主动改变食谱，而不是一味坚持寻找日渐稀少的习惯性猎物。这种选择方式也是生命体在长期进化过程中对"权衡利弊"原则的有效应用。

<u>从生命进化的角度来看，权衡利弊最关键的指标说三</u>

遍：投入产出比、投入产出比、投入产出比！权衡最后的结论是得到了什么、失去了什么，一定要搞清楚！

正是基于此，自然选择在生命进化过程中起到了不可或缺的作用，通过淘汰过度投入或者投入不足的物种特征，驱使物种对环境更加适应。换而言之，自然选择认为，那些能够以较小的能量投入获取较大生存和繁殖回报的生物，更有可能将其基因传递给下一代，这是生命进化的核心动力。

在生命进化历程中，我们可以观察到太多实实在在的例子。比如说，植食性动物在牙齿和消化系统等方面的适应性演化，正是为了提高对有限食物的消化吸收利用效率。发达的臼齿和长时间的消化过程，使得它们能够从纤维素丰富但热量贫瘠的植物中提取出足够的能量来维持生存。与之相对的，捕食者则选择了在速度、力量和感官敏锐度上大幅度提高，这同样也是自然选择的产物。猎豹的高速奔跑、鹰隼的锐利视觉等，通过减少追捕时间或提高捕获概率来优化能量的投入与产出，从而大幅度提高了捕猎成功率。在这一进化过程中，那些能够以最小的能量消耗捕获猎物的捕食者，更容易生存并繁衍后代。这种特殊的进化结果，恰恰是投入产出比不断优化的结果。

"得与失"的选择同样成为动物行为适应的关键性因素。例如，一些鸟类展现出惊人的迁徙能力，它们在季节变化的时候往往需要跨越千山万水，寻找更为丰富的食物资源和更加适宜的栖息繁殖地。在长距离的迁徙过程中，能量消耗巨大，但是透过能量投入与产出的精密计算，我们可以发现相比于留在资源匮乏的原栖息地，迁徙恰恰能够最大程度上带来繁衍效率的提升。这种提升远远超过了迁徙带来的能量投入，从而使得这种行为得以在种群繁衍中传承和保留下来。

在动物的性选择上，投入产出比的概念也体现的淋漓尽致。雄性孔雀的复杂尾羽会在很大程度上增加吸引捕食者到来的概率，但是在吸引雌性方面却能在更大程度上增加成功机会。生存危险性的增幅小于繁殖成功率的增加，造就了这种性状上的选择。

因此，无论是生理结构的适应，或是行为习性的调整，还是繁殖策略的优化，自然选择都在推动着生物朝着更高的投入产出比进化。

与此同时，整个过程并不是一成不变的，而是处于不断的动态调整中，"得与失"的不断优化更是生命进化过程中最为根本和有效的驱动力之一。我们今天能够看到的自然界的生物多样化乃至人类社会文明中的多样化与复杂性，恰恰是"投入产出比"这一简单而强大的自然法则引领下的结果。这一过程经历了无数次的迭代，通过无数代的选择和淘汰，最终造就了现在精彩纷呈的自然界与人类社会文明。

1.3 做出选择

行动前的最后一步是"做出选择"，在权衡完不同方案的利弊得失之后，选择应当是水到渠成的。但是需要注意的是，一是行为要与选择相适应，要注意方案中的变量与不变量；二是过程依然可能是无数次试错的结果，是个体与环境相互作用和动态调整的产物。

打个比方，当我们在探究动物对于捕猎方式的选择策略时，对于同样都是捕食者，隐蔽性捕食者如豹和猫科动物会利用植被或地形进行伏击，而群居性猎食者如狼则依赖团队协作和体能耐力追赶猎物。而对于被捕食者而言，则会针对捕食者的捕食策略发展出诸如警戒行为、保护色等逃避机制。而被捕食者的策略选择则会反作用于捕食者，致使它们需要不断提升诸如捕猎技巧和感官能力等一系列进化特征，以适应这种持续的动态博弈过程和自然选择压力。

在人类社会中，这种动态平衡以及作用与反作用机制也体现得淋漓尽致。一个人的选择会受到文化背景、社会规则和个人价值观的影响，这是其选择保持相对稳定和可预测的基础。比如掌握丰富资源的人在决定自身所从事职业和生活方式上有更加多样的选择空间，而资源匮乏的人往往奔波于生活的忙碌。然而，所谓的阶层并不是一成不变的，不论是富人的"退市"、穷人的"上市"还是个人阅历的丰富、思想的变化，都是人生过程中的变量，经验可以参考，但"老黄历"万万照抄不得。

人在做出选择后，也不会是一劳永逸的，往往需要不断调整和修正自己的行为方式甚至是战略，来适应现实中不断变化的环境，这个过程就是不断试错和动态调整的结果。举个例子，企业根据当下的市场环境选择了某项经营策略后，依然需要根据市场环境的变化不断尝试新的商业模式，不断优化自身的产品和服务，来适应激烈的市场竞争环境。

<u>系统论认为，系统是由相互关联和相互作用的要素组成的整体，其结构和功能是动态变化的</u>。在这一过程中，反馈机制起到了至关重要的作用。就像捕猎者在捕食过程中，无论是捕猎成功经验带来的正反馈调节，还是捕猎失败教训带来的负反馈调节，都在动态调整中不断优化捕猎者的捕食策略，使得捕食者的策略更加适应当下环境。

然而，当观察人类社会时，我们会发现选择并非总是理性的过程。心理学研究表明，我们的决策往往会受到情绪、认知偏差和社会压力的影响。<u>经济学中的展望理论也即前景理论指出，当人们在面临收获时，往往小心翼翼，在决策时不愿意冒风险</u>。表现为有一点点收益后就落袋为安，比如说绝大部分投资者在实现不到5%的盈利时就选择清仓了；当人们在面临损失时，会很不甘心，反而容易铤而走险，风险偏好提升了，这就导致了大部分股民在面临亏损时选择硬抗，最终导致被深度套牢。

此外，从众效应等也会对个体选择产生重要影响。在古斯塔夫·勒庞所著的《乌合之众》一书提到，个体在群体中会产生三大特征，总结起来便是低智商、高自信以及情绪化。经济学和管理学里也经常用"羊群效应"来描述个体的从众跟风心理，这种心理很容易导致盲从，而盲从"随大流"往往会陷入骗局或遭到失败。为了避免受到"羊群效应"的干扰及不利影响，一定要"三思而后行"。在做出选择之前，"让子弹飞一会儿"就像看电视换个频道，将注意力集中到另外的事情上去就好了，比如听首歌或者跑个步，可能十分钟后发现自己对刚才事件的看法有了较大甚至截然相反的观点。我自己的经验是，对于所有热门话题，在自己知道的第一时间绝不立即轻易做出判断。

因此，当我们深度了解和认识到了上述因素可能对于我们的选择有深刻影响后，就可以针对性地做出更为理性和有效的选择。选择不仅仅是一个时点上个体意志的体现，更是个体在与环境交互过程中动态调整和不断优化的结果。

每个个体的选择和行为适应性是在成长过程中通过无数次的试错和与环境的相互作用所形成的，这恰恰是自然选择和生命演化复杂而精妙过程的最深刻体现。我们每个人的生存策略和成长选择，不仅仅反应了简简单单的"生存竞争"，更包含了人与人、人与社会之间复杂的动态关系，人类文明也是在遵循这一逻辑下不断前进的。

总结提升

通过上面的论述，我们可以得到如下结论，无论是面对外界的一次事件或是内心的一个想法，在"选择去做"之前我们要遵照下面三个步骤来做出反应：

1 是否相关，2 权衡利弊，3 做出选择

被认为是高级动物，这主要体现在人类的思维、社会结构及文化发展等方面。范仲淹有句名言流传千古："先天下之忧而忧，后天下之乐而乐。"一些人为了让另一些人能够看

见日出，宁愿选择卑微，为了黎明甚至不惜代替他人忍受黑夜。常言道："哪有什么岁月静好，只不过是有人替我们负重前行。"再危险的地方总要有人去，再难的事情总要有人干，正是因为有这样一群人，我们的社会才能不断前行。他们往往被人们称作"英雄"，但实际上，他们更多的是普通人。他们选择在关键时刻站出来，肩负起社会责任，用自己的实际行动诠释了人高于动物的精神。他们用对生命的尊重和对社会的担当，展现了人类独有的道德感和伦理感。正如鲁迅先生所写："我们从古以来，就有埋头苦干的人，有拼命硬干的人，有为民请命的人，有舍身求法的人，……虽是等于为帝王将相作家谱的所谓'正史'，也往往掩不住他们的光耀，这就是中国的脊梁。"

人类社会的进步不仅体现在科技的飞速发展，更重要的是体现在人类对待自然、对待其他生命体的态度上。我们不再是只会获取、征服、毁灭的理性动物，我们懂得了尊重，懂得了共生，这不仅仅是因为我们理解了"人外有人、天外有人"的朴素哲理，更在于我们洞察了不同的存在有着不同的价值和意义。保护不仅是应该让"人"得以保护，其他生命也有着因其存在得以获得保护的权利，这也是理性的另外一种精神境界。

在这个过程中，我们可以看到许多人为了保护环境和救助弱小而无私奉献。他们可能正在野外帮助受伤的动物，可能正在灾难发生地救援受困的同胞，也可能正在呼吁保护环境和生物多样性的社会活动现场。尽管这些行为未必为众人所知，但他们的行为是对"人高于动物"的最好证明。这些人展示了人类的社会责任感和对生命的敬重，这种精神是推动社会进步的重要力量，也是我们今天需要推崇的社会导向。

在现代社会，每个人都是社会的有机组成分子，都应当承担相应的社会责任。我们不能只满足于个人的生存和发展，还应当把眼光放得更远，考虑整个社会乃至人类命运共同体。我们必须认识到，每一个物种的存亡都与我们息息相关，我们的每一个抉择都会对周围的环境和其他物种产生一定的影响。

"选择去做"可以说贯穿一个人整个生命的时时刻刻，但是"做什么"不止应有一个基础范式，更应该遵循一条根本底线。人类比动物更高尚不仅体现在能力上，更体现在道德上。每一个在困难面前勇于承担对于自己及他人和社会责任的人，都是推动人类社会进步的力量。他们的存在无时无刻不在提醒我们，无论在何种情境下，人类都应当坚守对生命的尊重和对社会的责任，这是人类作为生命的代表所必须承受之重，"欲戴王冠，必承其重；能力越大，责任越大。"

2. 学习力是人生重要的倚仗

北京大学汇丰商学院的刘澜老师说过："学习力是一个人的元能力。元能力，就是关于能力的能力。你要提升其他任何能力，都在很大程度上取决于你的学习力。"学习力就是保障一个人时时刻刻做出正确选择的"元能力"。

资深媒体人罗振宇先生在2024"时间的朋友"跨年演讲中说道："一困惑，就出门。"而我常常在想，在未来数据时代，我们需要更进一步：一困惑，就学习——"学知识、习技能"。

2.1 世界观

世界观，顾名思义，是对整个世界的根本看法和基本理解。在孩提时代，我们总会有各种各样的问题，为什么星星会不停地眨眼睛？晚上太阳去哪里了？十万个为什么，使我们对一切都充满了好奇。这一系列天马行空的问题，让我们每一个人对外界产生了认识上的联系，而这种联系，我们称之为世界观。其探究的内容是人类对于宇宙的起源、结构、发展演变和自身基本规律的认识，古往今来，物理学通过观察、实验和理性分析等方式促进了人类对自然界的认识和理解。

牛顿经典力学揭示了在宏观尺度下物体运动的普遍规律，解释了力、质量、时间和空间等物理要素之间的基本关系，这一理论框架在相当长的历史时期内决定了人们对于物理世界的基本认识。然而，随着科学的进步，尤其是物理学史上"两朵乌云"的出现（第一朵乌云指迈克尔逊-莫雷实验与"以太"说破灭，第二朵乌云指黑体辐射与"紫外灾难"），导致经典力学、经典电磁场理论和经典统计力学为三大支柱的经典物理世界观开始显露出其局限性，在微观尺度和极高速运动条件下，经典物理学无法进行准确描绘。这一局限性催生了相对论和量子力学的诞生，它们分别从极高速度和微观粒子的层面，对物理世界观进行了重大修正和深度扩展。

爱因斯坦的相对论挑战了传统的时空观念，提出了时空相对性概念，即时间和空间并不是绝对的，而是随着观察者的运动状态不同而不断发生变化。相对论不仅对高速运动的物体进行了精确描述，更预言了诸如时间膨胀和"质能等价"等现象，极大拓展了人类对自然规律的认识深度。

量子力学则揭示了微观粒子世界的概率本质，引入了波粒二象性、量子纠缠、不确定性原理等概念。这些概念对于理解原子及其构成物质的性质至关重要，同时也对哲学世界观产生了深远的影响。量子力学挑战了经典物理学中因果律和决定论的概念，为物理世界带来了一种非直观和非局部性的全新视角。

在宏观和微观尺度之外，物理学对于极端条件下的物理现象也进行了深度描述和理论拓展。例如，热力学第二定律引入了熵的概念，表明在封闭系统中，熵总是趋向于增加，从而导致能量分布的均匀化，这对于理解宇宙的演化和热寂理论提供了理论支撑；大爆炸理论则从宏观上描绘了宇宙起源和演化的过程，描述了宇宙从一个极热、极密的初始状态经过膨胀而演化到今天状态的过程。

随着科技的进步，物理学家已经能够做到利用大型强子对撞机等实验仪器探测到更为基本的粒子，例如希格斯玻色子，从而验证和完善了标准模型。

然而，物理世界观仍在不断发展完善之中。人类对暗物质、暗能量的猜想以及对多维宇宙和弦理论的探索，无不暗示着可能存在一个更为复杂、更为奇异的世界。每一次理论的革新和实验的突破，都在推动我们对这个世界的认识更进一步。从经典到现代，从宏观到微观，从低速到高速，物理学家始终在努力揭示这个世界最根本的规律。而这一过程，就是我们对世界观不断修正和完善的过程。

站在物理学史的角度，人类的普遍世界观在不断发生变化；而站在人的一生角度，每个人的世界观也会是不断变化的。这种变化不仅仅会受到外部环境和社会因素的影响，还与个人的知识积累、认知水平和人生经历密切相关。

一个人在青年时期可能会对世界充满理想主义，然而随着经历的丰富和知识的增加，可能会变得更加现实和理性。这种变化不仅是认知的扩展，也是对自我和世界理解的深化。

理解和接受世界观的这种变化，不仅有助于我们更好地认识自我和世界，也让我们在面对未来的不确定时拥有更多的智慧和勇气。

2.2 方法论

方法论，顾名思义，是研究方法的学问，主要探讨在处事过程中使用的各种方法和技术。

物理学作为自然科学的重要分支，其方法论具有鲜明的特点。物理学的研究方法主要围绕实验、理论和计算三大块展开。

实验物理学家通过精密的实验设计来验证物理理论，发现新的物理现象；理论物理学家则主要依赖数学工具，建立和完善物理理论模型和体系；计算物理学家则会利用计算机模拟和数值分析等方法，来研究复杂的物理过程。这三者相互交织，共同推动着物理学的发展。

物理学方法论的核心在于严谨的逻辑推理和完备的实验验证。

逻辑推理是理解和揭示自然界基本规律的基石。物理学理论的建立，往往伴随着广泛的假设和深度的预测。例如，牛顿通过观察苹果落地和月亮绕地球运动等自然物理现象，提出了万有引力定律。爱因斯坦则通过假定光速不变的前提，深入思考并推导出了相对论。这些理论不仅在数理逻辑上自洽，并且都在后续实验和观测中通过或得到了验证。

实验验证是物理学方法论的另一个构成要素。纵观整个物理学发展历史，实验担当了至关重要的角色。例如，迈克尔逊－莫雷实验验证了光速不变原理，贝尔实验则证实了量子力学的非局域性。这些实验不仅验证了物理理论的正确性,更重要的是引导了物理理论的进一步发展,实验结果的出人意料之处,往往是物理学突破的先兆。

进入到21世纪,计算物理学成为了物理学研究的重要工具。随着计算机技术的飞速发展,复杂的物理现象可以通过数值模拟得到探究和验证,这在传统的理论和实验物理学中往往难以实现。计算机模拟不仅可以预测新的物理现象,更重要的是能够帮助物理学家深入理解和验证已有的理论。比如量子色动力学中夸克—胶子等离子体的性质,以前仅仅通过理论和实验是难以完全揭示的,而现在借助强大的计算能力,物理学家得以探索这些高能粒子的复杂相互作用。

物理学方法论体现了对自然深刻认知的不懈追求,要求物理学家在探索未知时,始终保持对实验事实的尊重、对理论逻辑的严密和对计算结果的审慎。在物理学不断进步的今天,我们也必须深刻意识到,物理方法论本身也在不断发展完善之中。

科学需要研究方法,人生同样需要实践方法。科学研究的方法论是探索自然规律的路径,而人生的实践方法论则是我们追寻幸福、实现自我价值的指南。

科学方法强调实验、验证和逻辑推理,从而帮助我们进一步了解揭示客观世界的真相。同样,人生的实践方法也需要我们通过体验、反思和调整来不断优化自己的为人处世方式,以满足内心需求和实现自我价值。

在科学研究中,实验设计和数据分析是至关重要的环节。我们通过控制变量、重复实验、收集数据来验证假设,进而形成理论。

在人生实践中，我们同样需要设定目标、规划路径以及评估进展。目标的设定不仅需要切合实际，更要具备一定的挑战性，从而能够激发我们的潜力、激活我们的动力；路径的规划则需要充分考虑个人的能力、面临的环境条件和拥有的社会资源，就像科学实验中的控制变量一样，必须全面而精准；评估进展则是通过不断地自我反省和外界反馈来对我们的行动策略进行动态调整，以确保我们的既定目标不偏离，行动不发生大的偏差。

科学研究重视理性和客观，但人生实践不仅需要理性，还需要感性和情感的参与。理智使我们在决策时更加清晰和明确，情感则为我们的生活增添色彩和温度。

科学家在实验中面对失败时，会通过分析原因、调整方法来继续探索。同样，在人生的道路上，我们也会遇到挫折和失败，这时需要我们保持乐观的心态，通过总结经验教训，调整方法重新出发。

科学研究的最终目的是推动科技进步，服务于人类社会。而人生实践的最终目的是实现个人的幸福和社会的和谐。这两者看似不同，其实内涵相通：都是通过不断地努力和探索，找准方法，追求更高的境界和更美好的生活。

科学的方法论为我们提供了理解世界的工具，而人生的方法论则能够帮助我们在这个世界中找到自己的位置，实现自己的价值。

2.3 数据库

数据库是用于存储、管理和检索大量数据的系统。在科学研究和社会发展的今天，数据的采集、处理和分析都是至关重要的环节。科学研究通过实验及统计调查采集获得的原始数据往往是海量的，而且格式多样，这就需要一个大容量、快传输、高算力的数据库来对数据进行存储和管理。

就物理学而言，数据库必须具备高效存储和检索能力。例如高能物理实验中的粒子碰撞数据，数据库必须能够实现快速写入和读取数据。此外，物理学家往往需要按照不同的参数和条件检索数据，因此数据库应提供强大的查询功能，以便使用者能够轻松地筛选出他们需要的数据子集。

物理学数据库的另一个重要特性是数据可以得到长期保存。物理学的某些发现可能需要多年甚至几十年的数据积累，有的物理规律验证需要用到若干年前的数据。因此，数据库必须能够确保数据的安全性和完整性，防止数据丢失或损坏。

数据的兼容性和标准化控制也很重要，因为随着时间的推移，数据处理和分析方法可能会发生变化，物理学家需要能够追溯并使用先前版本的数据。

数据的共享和协作也是物理学数据库需要考虑的关键点之一。不同研究团队可能需要访问相同的数据集以进行合作研究。因此，数据库需要提供权限管理和数据共享机制，从而确保数据可以得到正确使用，同时保护数据的所有权和知识产权。

为了适应物理学的多样性和复杂性,物理学数据库通常是定制化的,以满足特定实验或理论研究的需求。例如,天体物理学的数据库可能专注于处理和存储来自望远镜的观测数据,而凝聚态物理的数据库可能更关注材料性质的计算和模拟数据。

随着机器学习和人工智能技术的发展,物理学数据库不仅是数据存储的场所,也成了数据分析和知识发现的平台。通过在数据库中集成先进的数据分析工具,例如模式识别和预测建模,物理学家可以从大规模数据中提取出有价值的信息,从而为推动科学研究发展提供新的解决方案。

总而言之,物理学中的数据库不仅仅是简单的数据仓库,更是物理学研究中不可或缺的基础设施。数据库的设计和管理对于数据的高效使用、长期保存、共享协作以及新知识的生成都发挥着至关重要的作用。

未来,随着物理学研究的深入和数据科学技术的不断进步,物理学数据库的功能将更加强大,对科研工作的支撑作用也将更加显著。

我们将数据库的定义和内核引入到生活中,每个人掌握的知识和技能可以类比数据,而对这些数据的存储、管理和应用方式反映了大脑的运行方式。通过探索数据库与大脑在信息存储和处理上的异同,可以让我们学会更加高效地掌握人生中的各种方法和技能。

我们发现,大脑在处理新信息时,如果能够将其与已有知识建立清晰的关联，便能更好地记忆和应用。

例如，学习新的语言时，通过将新单词或语法与已掌握的语言关联起来，可以加深理解和记忆。以学习法语为例，因为几乎每个中国孩子都经历过长时间的英语学习，对于许多法语单词，他们可以找到与英语单词的相似之处。例如，法语单词"hôpital"和英语单词"hospital"在拼写和发音上都非常相似，这样的联系使得记忆这些单词变得更为容易。再考虑一个学习科学概念的例子。假设学生在物理课上学习电流的概念，如果他们能够将电流流动比作水流流动，这种类比可以大大增强他们对电流的理解。水流的速度、压力和管道的直径等特性可以帮助学生理解电流的强度、电压和电阻的概念。通过这种方式，学生不仅更容易记住新信息，还能更好地应用这些概念进行问题解决。

数据库中的事务处理机制确保了数据的完整性和一致性。在大脑中，我们也需要类似的机制来确保知识的正确性和连贯性。在学习过程中，通过不断的复习和实践，可以巩固所学知识，防止信息的遗忘和错误记忆。这就像数据库中的事务回滚机制，当发生错误时，可以回滚到之前的正确状态，确保数据的一致性。同样，定期的知识回顾和应用不仅能强化记忆，还能帮助发现和纠正理解中的错误。

数据库的共享技术同样适用于大脑的学习过程。在大脑的学习过程中，数据库的共享技术表现为信息的整合与传递。比如，在学习一门新语言时，大脑会通过不同的感官通道接收信息——视觉、听觉、触觉等，并将这些信息整合在一起形成记忆。这类似于数据库的共享技术，通过多个数据源的整合来生成全面的信息库。举个具体的例子，当一个人学习英语时，他可能会通过阅读英语书籍、听英语歌曲、与母语为英语的人交谈以及观看法语电影来获取信息。每一种学习方式对应着不同的"数据表"，例如，书籍中的文字信息、歌曲中的语音信息、对话中的互动信息和电影中的视觉和听觉信息。大脑将这些不同的信息整合在一起，形成一个完整的英语知识体系。这就像数据库中的数据表通过某种关系连接在一起，形成一个完整的数据库一样。

人生的重要意义可以说就在于不断探求和完善自我，就如同科学领域中的理论和方法需要不断更新和充实一样。人生的数据库不仅仅是知识和技能的积累，更是心智和情感的丰富。

每个人在生活中的经历、体验和感悟，都是构成这个数据库的重要元素。

在人生的旅途中，遇到的每一个挑战和困难，都是对自我数据库的考验和更新。就像科学家们通过实验和研究来验证他们的理论一样，我们也需要通过实际的生活经验来验证和提升我们自身的知识与能力。每一次的失败和成功，都是对我们人生数据库的一次更新和升级，使其更加全面和完善。

人生数据库的丰富程度还取决于我们对世界的好奇心和探索精神。

只有不断地学习新知识，接触新事物，才能使我们的数据库不断扩展和丰富。这不仅仅是为了个人的成长，更是为了能够更好地理解和应对这个复杂多变的世界。

然而，真正的人生圆满不仅仅依赖于知识和技能的积累，还需要情感和心灵的充实。一个人如果只注重知识的积累而忽视了情感的培养，那么他的人生数据库将是不完整的。情感的体验和心灵的成长，是我们应对生活中各种复杂情况的重要资源，是我们在面对困境时的精神支柱。

科学和人生的重要目标都是为了寻求真理和圆满。科学通过不断地研究和实验，揭示自然界的奥秘；而人生则通过不断地自我完善，实现自我价值。正如科学需要不断更新和完善理论，人生也需要不断反思和提升自我。只有这样，我们才能在复杂多变的世界中找到自己的方向，实现真正的圆满人生。

总结提升

学习力的提升是不断实践的结果，依赖于一个人不断积累和更新迭代的世界观、方法论与数据库。

学习力是一种能力，能力的发挥要借助武器，而我们直接的武器就是自己的世界观、方法论和数据库。

这些武器极大影响了我们面对未知和变化时的应对策略，而学习力则是通过这些应对策略的实施，不断积累和优化的过程。

具体来说，世界观提供了解读变化的框架，方法论指导我们如何行动，数据库则是知识经验的储备，它们共同构成了我们应对复杂多变挑战的基础。

培养能够适应复杂多变外部环境的世界观是提升学习力的首要任务。当环境发生变化，世界观的灵活性和开放性决定了我们能否迅速适应。一个固化的世界观会限制了我们认知新事物的能力和效率，从而使我们在面对新的变化时陷入困境；相反，一个开放包容的世界观能让我们更容易接受不同的意见和思想，从而更快地融入新的环境。

随着学习过程的不断深入，我们的方法论也应该不断升级，以适应日益复杂的问题挑战。方法论是我们解决问题的具体行动指南。面对未知没有现成的答案可循，这时我们需要依赖自身的方法论来不断探索和尝试。有效的方法论应当是灵活和创新的，能够指导我们在不断变化的情境中，找到合适的解决办法。

随着新信息的不断涌现，我们必须不断更新和扩充自己的数据库，以适应信息爆炸时代的剧变。数据库是我们知识的积累，是学习力更好发挥作用的物质基础。它不仅凝聚了我们已有的知识和经验，也体现了我们对新知识的吸收能力。一个丰富的数据库可以让我们在遇到变化时，快速找到相关信息，并进行有效决策。

学习力的提升是一个动态的过程，它要求我们不仅要有适应变化的世界观、灵活的方法论，还要有不断更新的数据库。只有这样，我们才能在面对未知和挑战时，立于不败之地。我们应该将提升学习力作为一项长期的任务，在实践中不断探索和完善，以适应这个快速变化的时代。

每个人必须学会在实践中不断调整世界观、优化方法论、扩充数据库，这样才能真正提升个人的综合学习力，并在不断变化中找到适合自己的个人发展路径。

3. 现代社会"生态圈"：能力、财力、魅力

3.1 能力

能力是个体在社会中进行生产、创造和服务的基础。从自然哲学的视角来看，能力可以被比作是个体的内在动能，它决定了个体在社会竞争中的相位和效率。

物理学中的动能公式 $E=\dfrac{mv^2}{2}$ 揭示了动能与速度的平方成正比，从自然科学的角度解释了个体能力的提升可以带来事业的快速发展。

能力的培养和提升并非孤立发生，它需要社会提供教育、培训等外部条件，这与物理学中外力对物体动能的影响殊途同归。历史上，伴随着工业革命的深入，生产力的巨大推动作用于生产方式的深度变革。机械化生产取代了手工作坊，不单单极大地提高了生产效率，也同时要求工人不断掌握新的知识和技能。这一需求催生了现代职业教育的发展，通过对工人进行技术培训，使得工人阶层的整体能力得到提升，进而带动了社会经济的整体向前发展。

历史上的科学革命同样证明了知识和能力对生产力的巨大推动作用。以牛顿力学的诞生为例，它不仅在理论上加深了人们对自然法则的认知，而且在实践中推动了新机械的发明和众多工程技术的进步。这一系列的发明创造，极大地提高了生产力，促进了社会的进步和文明的发展。

在现代社会，互联网技术和数字化转型对生产力的推动作用更是显而易见。互联网技术的应用降低了信息传输成本，优化了信息使用流程，提高了资源配置效率；数字化转型则使得生产更加智能化，促进了产业结构的不断升级。这些变化不仅提升了个体和企业的生产能力，也推动了全球经济的融合和发展。

在面对这些变革时，政府和社会的角色也不容忽视。合理的政治经济结构和政策法规体系能够有效引导科学技术进步和生产效率提升，及时调整生产关系，使生产关系更好服务于生产力，为整个社会做大蛋糕的同时分好蛋糕。例如，对于因技术变革而导致的就业结构变化，政府可以通过制定再教育计划、提供职业培训等措施来帮助工人及时适应新的工作需求，保障其就业机会的连续性与及时性。

从整体上来看，能力的培养和提升在历史上对社会生产力的推动作用不可估量。它不仅改变了生产方式，提高了生产效率，更促进了经济结构的转型和社会的整体进步。

个体能力的进一步发展将是继续推动生产力进步的关键因素，而如何在新的历史条件下把握和运用这一点，是我们必须深思的课题。

3.2 财力

财力作为经济资源的核心，它在社会运转中扮演着血液的角色，通过循环流动形式为社会各个部分和环节提供营养和能量。从物理守恒定律角度来看，财力在社会中不停地流动和转换，类似于能量守恒定律，意味着在一个封闭系统中,财力总量是守恒的,它不会无缘无故产生也不会凭空消失,只是从一个地方转移到另一个地方。

我们需要注意的是,由于社会的不断发展和机制的迟滞完善,财力分配往往会产生不平等,导致社会贫富差距的扩大,这一现象与熵增原理相似,即系统总是趋向于无序状态。而在这个流动和转换的过程中,财力的初始分布和再次分配成为影响社会结构和阶层划分的重要因素。如果社会的资源分配机制公平合理,财力的流动将有助于社会的稳定和谐;反之,如果资源分配不均,财力高度集中,则可能导致社会矛盾和阶层固化。

在深入探讨财力作为一种文化因素可能产生的影响力时,我们可以从多个维度进行分析和阐释。

财力的积累与展示往往是事业成功和社会地位的象征。在现代社会,个体或家庭的收入水平、财产规模以及消费能力常常被视为衡量其社会地位的重要标准。例如,高端品牌商品的消费不仅仅是为了满足基本物质需求,更多时候是为了彰显身份和品位,从而传递出一定的社会信号,进而获得一种文化认同。

财力的分布也直接影响到教育资源的获取和文化传承的机会。在教育资源相对紧缺的地区,财力较为充裕的家庭能够为子女提供更高质量的教育条件,可以是优质的学校教育,也可能是海外留学的机会。这种教育上的优势将进一步增强其后代在文化资本积累上的领先地位,从而形成财富与教育相互增益的正反馈效应。同时,财力不只自身可以作为一种文化符号,在某种程度上也决定了个体或集体参与文化生产的能力。比如说在艺术领域,经济基础雄厚的艺术家或艺术机构更有可能创作出高成本的作品,他们也更容易通过市场推广和商业运作来扩大自己的影响力,进而形成更加广泛的文化认同;而那些财力不足的艺术家,尽管可能拥有更高的创意和才华,却往往因为资金的限制而难以将作品推向更广阔的舞台。

财力的分配和使用还关乎社会公正与道德的实践。在慈善事业中,财力的投入可以体现为个人或企业的社会责任感,他们通过捐款、资助项目等方式参与到社会问题的解决中。这种公益行为不仅有助于缓解社会不平等,也是推动社会进步的重要力量。然而,财力的不当运用,如逃税漏税、贪污腐败等,不仅对经济发展产生负面影响,也严重侵蚀着社会的道德底线,从而引发公共信任危机。

财力作为一种社会和文化资源,不仅关系到个体的社会地位和生活方式,也影响着社会结构的稳定和公平。因此,如何合理调控财力的分配与流动,确保其在促进社会和谐与文化发展中发挥积极作用,是现代社会管理中的一项重要任务。

3.3 魅力

魅力作为一种非物质社会资源,代表了个体吸引他人的能力。魅力可以类比自然界中的电磁力,它并不直接作用于物体的质量,但却能在人际交往中产生巨大的作用力。

魅力的形成源于个体的外貌、气质、智慧、才能等多方面因素的综合作用，正如电磁波的传播需要多种条件协同完成一样。

与物理学中的非接触力相似，在社会互动中，魅力可以跨越物质界限，产生情感共鸣和精神联系。正因为魅力具有如此强大的影响力，它在社会交往中的作用不容忽视。

魅力能够提升个体在社会网络中的位置。如同电磁力能够使得特定物体之间产生吸引或排斥一样，个体的魅力能够吸引他人与之建立联系，从而拓展个人的社交圈，增强在群体中的影响力。打个比方，一个充满魅力的领导者，往往能够更容易地获得追随者的支持和忠诚，由于他们的外貌、气质、智慧和才能的综合作用结果，使得其他人愿意与之建立联系，并更容易接受其影响。

魅力有助于促进个体间的信任建立。人们倾向于对那些具有魅力的个体产生信任感，这种信任感往往能够加速合作关系的形成。魅力所产生的心理效应，类似于一种"心灵的吸引力"，使得人们愿意分享个人信息，并在交流中更为开放。这种基于魅力的信任，可以在商业谈判、团队协作等多种社会互动中发挥至关重要的作用。

然而，魅力的形成并非一蹴而就，它涉及个体不断地自我提升和丰富的社会实践。外貌上的吸引力虽然是魅力的一部分，但远非全部。一个人如果仅仅外表光鲜，而缺乏内在的智慧和才能，其魅力是难以持久的。真正的魅力需要个体在智慧、才能、情感、道德等多方面的不断积累和提升。例如，通过广泛阅读和学习，一个人可以提升自己的知识储备和思辨能力，这样的智慧随着时间的积累，会逐渐转化为一种内在魅力，使得他人愿意倾听他所发出的观点，并在学习和交流过程中受到启发。

情感的共鸣也是构建魅力的关键因素。人们往往被那些能够理解自己情感、并能够表达同理心的人所吸引。在人际交往中，能够倾听他人、理解他人情感的人，往往更容易赢得他人的好感和信任。情感智慧的培养，如同情绪管理、同理心的培养等，对于魅力的提升同样至关重要。

魅力是一种复合型的社会资源，不仅仅关乎个体的外在表现，更重要的是内在素质的综合体现。一个人的魅力能够在社交互动中发挥巨大的作用力，有助于提升其在社会网络中的地位，促进彼此间信任的建立，从而实现更有效的人际沟通。因此，魅力的培养需要个体在多个维度上的自我提升和实践，这也是个体在现代社会中取得成功的关键因素之一。

总结提升

现代社会中关于人的资源——能力、财力、魅力，都可以从自然哲学和物理规律的角度进行深入地解释和讨论。

能力的影响力与动能相似；财力的总量守恒与能量守恒定律相似；魅力的非物质影响力与电磁力相似。

这些资源之间的相互作用和转换在这样的"生态圈"视角下，我们可以将现代社会理解为一个多层次、多维度、互相作用的复合系统。在这一系统中,权力、能力、财力、魅力等要素不断地在各个层面上进行交互和转化,从而形成了社会运行的基本动力。

能力是"生态圈"中生产和创造财富的基础。经济的持续增长为"生态圈"提供了物质基础,而技术进步和创新是推动经济发展的核心动力。在全球化的今天,能力的提升也意味着不断在国际竞争中获得优势地位。投资教育、科技创新和产业升级,对于一个国家或地区而言,是提升综合国力的必由之路。

财力是深度影响文化的力量,而文化的力量体现在它能够塑造社会价值观念、凝聚社会共识、激发民族自豪感和社会向心力。一方面,文化的多样性为"生态圈"提供了丰富的精神滋养;另一方面,文化的传播与交流也加速了生态圈的开放性和包容性,有助于增强国家在国际上的影响力。

魅力即社会关系的力量,它体现在个体和群体之间的相互作用和联系上。社会关系的质量直接影响着社会成员的幸福感和归属感。良好的社会关系能够促进社会资本的积累,加强社会凝聚力和社会稳定性。社会关系的和谐与否,也是衡量"生态圈"健康状态的重要指标。因此,建立平等互助的社会关系,推动社会公正和谐,对于"生态圈"的可持续发展具有深远意义。

在本节的最后,让我们再来探讨点关于"生态"的题外话,最近几年比较热门的人工智能(AI)依然需要有利的生态,大模型的格局是开放与封闭并存的生态体系。

过去业内一般认为闭源大模型领先开源大模型 1—2 年，但在 2023 年 11 月 2 日，DeepSeek 的横空出世犹如一颗投入湖面的石子，以其卓越的技术实力、高效的训练机制和广泛的应用潜力，在竞争激烈的大语言模型市场中脱颖而出，使得开源与闭源大语言模型之争重新变得胶着。

从生命进化的角度来看，开源大语言模型犹如一种适应性极强的物种，它们在生态系统中能够快速演化与适应。开源模型通过开放的代码和数据，促进了知识的共享与合作，从而构成其进化的基础。正因为开源的特性，模型的更新迭代速度得以加快，用户可以在此基础上进行改进和创新，形成多样化的生态。在这一过程中，开源模型通过众多贡献者的努力，积累了丰富的功能和应用场景。这种开放性不仅促进了技术的传播，也激发了一个健康的竞争环境，推动了更高效的算法与应用的产生，类似于自然界中物种之间的相互影响与促进。

闭源大语言模型则体现了另一种生存策略，它们通常由大企业掌控，依靠巨额的资金和资源进行开发与维护。闭源模型的优点在于其集中化管理和高效性，企业可以在控制成本与风险的前提下，快速推出高质量的产品。闭源的策略提供了数据与技术的保护，确保企业能够在市场中保持竞争优势。这种模式在一定程度上保障了模型的稳定性和安全性，减少了由于开放而可能导致的数据泄露和滥用风险，像是一种在特定环境中高度适应的生物，能够有效抵御外部竞争。

从长远来看，开源和闭源大语言模型的竞争与合作将形成一个动态的生态系统。开源模型的适应性与创新能力能够推动技术的前沿发展，而闭源模型的稳定性与安全性则为用户提供了可靠的解决方案。两者的结合或许能够形成一种共生关系，促进各自的优势互补，共同推动人工智能技术的进步。

开源大语言模型与闭源大语言模型在生态进化中扮演着不同的角色，二者之间的相互作用与影响将塑造未来人工智能的发展方向。生态的平衡与繁荣，依赖于这两种模型在技术创新、知识共享、安全管理等方面的协同进化。未来的人工智能生态，将需要在开放与封闭之间找到一个更加合理的共存之道，以实现更高层次的智能发展。

4. 现代社会处世：数据＋资源＋方法＋态度

在探讨现代社会处世的四个要素：数据、资源、方法和态度时，我们依然需要从自然哲学和物理规律的角度对这些观点进行深入解释和讨论。

自然哲学，作为探索自然界和宇宙本质的学科，强调了万物间相互联系和相互转化的规律。物理规律则是自然哲学中的具体表现，是理解宇宙和我们周围世界的基础。在现代社会中，这些规律同样适用于对数据、资源、方法和态度的理解。

4.1 数据

数据在现代社会的处世中扮演着重要角色，数据的收集、分析和应用，遵循着信息论和统计物理学的基本原则。

信息论告诉我们，信息的传递和处理需要消耗能源，并且伴随着熵的增加，这意味着在数据处理中必须考虑到效率和准确性的平衡问题。统计物理学则展示了在大量数据中，可以通过概率分布和趋势预测来揭示复杂系统的基本特征。理解和运用数据不仅需要技术手段，更需要对自然界统计规律的深刻洞察。

在数据的收集环节，我们通常采用传感器、日志记录、在线交互等方式来获取第一手资料。然而，由于数据量庞大且来源复杂多样，如何确保收集到的数据具有代表性和完整性，是一个亟待解决的问题。此时，抽样理论的应用显得至关重要。通过合理设计抽样模型和抽样方法，我们不仅能够降低数据处理的复杂程度，还能够在一定程度上保证数据分析结果的可靠性。同时，为了减少抽样偏差，需要采用多元抽样策略，如分层抽样、系统抽样等，以确保样本的多样性和广泛性。

在数据分析阶段，我们往往使用机器学习、数据挖掘等相对复杂的信息技术来处理数据。这些技术能够帮助我们在复杂数据中发现模式、建立模型并预测未来趋势。但是，模型的建立和优化并非一蹴而就，它需要反复地实验和校验。信息论中的"信道容量"概念可以为我们提供理论支持，通过计算最大的信息传输速率来评估模型的性能。如果模型的预测能力超出了信道容量，我们就有理由怀疑该模型存在过拟合情况，或是存在数据泄露等问题。

数据应用的有效性还取决于对数据本质的理解。统计物理学在这里提供了一个有力的工具——熵。熵不仅可以用来衡量系统的无序度，还可以帮助我们理解数据中的不确定性。在大数据环境下，每一次数据分析和决策都伴随着一定的不确定性。因此，我们需要通过熵的概念来评估和控制这种不确定性。通过计算数据集的熵，我们可以量化数据的不确定性，从而在后续的数据处理中更好地管控风险。

但从另一个角度出发，我们必须清醒地认识到，数据本身并不是万能的。在实际应用中，数据的局限性也同样突出。例如，数据可能存在时效性问题，随着时间的推移，一些数据可能变得不再适用。此外，数据的隐私性和安全性也是我们不能忽视的问题。在收集和处理数据时，我们必须确保符合伦理标准和法律法规,保护个人隐私和数据安全。

4.2 资源

资源的管理和利用是现代社会不可或缺的一环。从热力学第一定律和第二定律我们知道,能量守恒和转化是自然界的基本原则,同时能量转化过程中不可避免地会有损耗。这一原理告诉我们,在资源的分配和使用中必须考虑到效率和可持续性。例如,一个社会的资源管理策略需要考虑到资源的可再生性、对环境的影响以及长远的经济效益。

在资源管理中,我们必须认识到不同资源之间存在着复杂的相互依存关系。例如,水资源的合理利用直接影响着农业的可持续性,而农业的发展又对土地资源产生影响。因此,资源管理策略需要基于系统的思维来构建,这就要求我们在决策时必须考虑到不同资源之间的联动效应以及对生态系统的整体影响。

资源的高效利用离不开科技的支持。随着科技的进步,我们有了更多的方法来提高资源的使用效率,比如通过精准农业减少水肥的浪费、采用可再生能源减少化石燃料的依赖,以及利用智能电网优化电力的分配和利用。这些技术的应用不仅能够降低资源使用的环境成本,还能提升资源利用的经济效益。然而,技术创新的速度和社会的接受程度往往存在差异,如何使得科技创新能够及时转化为生产力,成为实现资源可持续管理的关键之一。

社会文化因素也在资源管理中扮演着重要角色。人们对资源的认知和价值观念会直接影响到资源的利用方式。比方说，在一些文化中，森林被视为神圣不可侵犯的，这种观念实际上有助于森林资源的保护；然而，一味的保护也往往意味着资源的闲置浪费。如何做好高效利用这篇大的文章，需要政府、企业和公众三方的共同努力，通过教育和政策引导，形成一种节约资源、提高资源利用效率的社会导向。

资源管理的法规和政策框架同样不可忽视。有效的法律法规能够对资源的开发、使用和保护提供明确的指导和约束。通过立法确定资源使用的权利和责任，可以避免资源使用中的激烈冲突，从而确保资源得到合理分配。同时，政策的制定还需要具有前瞻性，能够预见资源使用可能产生的环境和社会影响，并提出相应的应对措施。例如，通过征收碳排放税来调控企业的碳排放，通过提供补贴和税收优惠来提高可再生能源的使用比例等等。

资源管理和利用是一个多方面、多层次、多维度的复杂问题。它不仅关系到技术的发展和应用，还涉及社会文化、法律法规以及环境伦理等多个领域。

4.3 方法

方法的选择和应用需要依靠严密的科学原理和逻辑推理。科学方法论强调了观察、假设、实验和验证的循环过程，是现代社会解决问题和实现发展的基石。这种方法论体现了物理学中实验和理论相结合的精神,通过不断的实验验证和理论修正,以达到逐渐接近真理和制定有效解决方案的目的。

值得注意的是,科学方法论不仅仅局限于物理学领域,它的应用已经渗透到各个科学领域,甚至是社会人文学科。在生物学研究中,科学方法论指导研究者通过实验室实验和野外观测来验证生命现象的规律性;在化学领域,科学实验的精准操作和数据分析帮助科学家们揭示物质变化的本质。同样,在社会科学领域,如经济学、心理学等,科学方法论也指导研究人员通过设计实验和场景调查,以获取可靠的数据验证理论假设,最终实现政策制定和有效实施。

科学方法论的有效性在于它的系统性和可重复性。系统性体现在研究过程的每一步都建立在前一步的基础上,每个阶段都有明确的目标和方法。例如,在观察阶段,研究者需要系统地收集数据和信息;在假设阶段,需要合乎逻辑地提出可以验证的假说;在实验阶段,需要设计严谨的实验方案来测试假说;在验证阶段,则需要通过统计学方法来分析实验结果,判断假说的正确与否。可重复性则意味着同一实验在相同条件下可以被其他研究者重复进行,并得到一致的结果,这种可重复性是科学知识具备客观性和可信赖的重要基础。

然而需要注意的是,在现实的科研活动中,研究条件的限制、数据的不完整性、研究方法的局限性等都可能影响科学研究的严谨性和结论的有效性。例如,由于技术手段的限制,一些理论暂时难以通过实验来直接验证,这就要求科学家利用间接证据进行推理和假说的构建。此外,科学研究的复杂性要求研究者不断更新自己的知识体系，学习和掌握新的研究方法和工具。

在科学实践中，科学方法论的适应性和灵活性也同样重要。面对不断变化的研究对象和环境，科学方法论需要与时俱进，不断实现自我演化和完善。研究者应当保持开放的心态，愿意接受新的观点和方法，这样才能在探索未知领域时及时掌握新技能，从而不断取得新进展。同时，跨学科的研究方法也越来越受到重视，通过对不同领域知识的有机整合，为解决复杂问题提供更为全面的视角和方法。

科学方法论对于科学研究具有至关重要的影响，它引导研究者通过客观、系统的态度发现问题、提出假设、进行实验和验证。科学方法论的应用虽然具有普遍性，但在不同领域的具体实践中需要不断适应新的挑战和条件。

4.4 态度

态度的形成和调整是一个复杂的心理和社会过程，但其背后也遵循着自然界的平衡和适应原则。达尔文的进化论告诉我们，"适者生存，不适者淘汰"。在社会环境中，那些能够适应变化，保持积极和开放态度的个体和集体，更有可能在复杂的社会生态中生存和发展。

心理学中的认知失调理论揭示了人们在面对信息或信念冲突时，往往倾向于通过改变态度来减少心理的不适。在这一过程中，个体的态度调整通常涉及对现有认知框架的重构。比方说，当一个人在与社会互动过程中不断接触到与自己原有处世态度不一致的信息时，往往会经历一个认知失衡的状态。为了解决这种失衡，个体可能采取多种策略：一是通过选择性注意来忽视那些不符合自己原有观点的信息；二是通过批判性思维来质疑新信息的可靠性；三是通过认知整合来在原有观点和新信息之间找到一种共识，从而达成新的认知平衡。

在这个调整过程中，情感扮演了重要的角色。根据情感共鸣理论，当他人的情绪状态与个体内在情感体验相呼应时，个体更容易接受这些人的观点和行为。因此，在态度形成和调整过程中，情感因素如同理性因素一样，对个体的决策和行为选择产生影响。

社会认同理论进一步指出，个体的态度不仅受到个人认知和情感的影响，也与其所属群体的信念和行为紧密相关。人们倾向于与那些有着相似态度和价值观的群体成员保持一致，这种群体同一性的压力可以促使个体调整甚至改变自己的态度来适应集体标准。

然而，态度的调整并不总是顺畅无阻的。文化惯性理论提出，在某些情况下，文化和传统的深层结构可能会对个体态度的改变形成一种阻力。这种惯性来自长期以来形成的信念和价值观，它们已经深深扎根于人们的内心世界和社会实践之中。所以说，即使面对新的证据和信息，人们也可能由于文化惯性的作用而难以改变既有的态度。

在全球化的背景下，态度的形成和调整也呈现出更为复杂的特点。跨文化交流和国际合作的增多使得个体需要在多元文化的环境中不断调整自己的态度和行为。这种跨文化适应要求个体不仅要学会理解和尊重不同的文化理念和行为准则,而且还需要在保持个人身份的同时,建立起跨文化的沟通和理解能力。

总的来说,态度的形成和调整是一个涉及认知、情感和社会认同等多个维度的动态过程。它不仅受到个人心理机制的驱动,也与每个人的社会文化背景、群体动力以及全球化趋势息息相关。在这一过程中,个体需要通过不断地在旧有信念和新信息之间寻找平衡点,以实现自身的心理适应和社会融合。

总结提升

<u>现代社会合宜的处世之道当与自然哲学和物理规律高度相合。无论是数据的处理、资源的管理、方法的应用,还是态度的调整,都不可背离自然界的基本规律。</u>只有深刻理解和运用这些规律,现代社会的个体和集体才能够适应不断变化的环境,实现可持续的良性发展。

数据、资源、方法、态度,这四个要素不仅仅是现代社会成功的重要基石,更是人生哲学和社会责任的有力体现。

数据不仅仅是冷冰冰的数字,而是我们理解世界的窗口。我们通过数据洞察社会的脉动,理解个人行为与社会现象之间的关联。在这一过程中,我们学会了理性思考和科学决策,这恰恰是推动个人成长与社会进步的关键因素。

资源管理则提醒我们要有节制地利用自然资源和社会资

源。每一份资源都是有限的，如何合理配置、有效利用，不仅是管理者的责任，更是每一个个体的责任。合理的资源管理不仅能够促进经济发展，还能保护环境，造福子孙后代。这种对资源的尊重和珍惜，体现的是一种深厚的人生智慧和长远的社会责任感。

方法的应用是将理论转化为实践的桥梁。我们在学习和工作中积累的方法，不仅有助于我们顺利解决具体问题，更是我们应对未知挑战的有效工具。掌握科学的方法意味着我们拥有了探索世界、改变世界的能力。这种能力不仅使我们个人受益，更能够在社会层面产生广泛的积极影响。通过传播科学的方法，我们可以推动社会的进步，提升公共福祉。

态度的主动自我调整则是人生哲学的关键所在。积极的态度不仅是我们面对挑战、克服困难的动力源泉，更是我们与他人建立良好关系、共建和谐社会的基础。一个人拥有积极向上的态度，不仅会提升自身的幸福感和成就感，还会感染周围的人，形成良好的社会氛围。而能够主动自觉地调整态度，则更能体现我们对生活的热爱，对未来的希望，以及对社会责任的担当。

在现代社会，我们不仅仅是数据的分析者、资源的管理者、方法的应用者，更是态度的调整者和人生哲学的践行者。在面对复杂的社会问题时，我们应当结合数据的理性分析、资源的有效管理、方法的科学应用和态度的积极调整，全面提升自己的能力和素养，来切实解决现实问题，促进自我提升和社会进步。

这四个要素帮助我们更好地理解自我与世界的关系，实现个人价值与社会价值的统一。

我们每个人应当在日常生活和工作中，时刻牢记数据的重要性，合理管理资源，科学应用方法，积极调整态度。通过不断提升自己在这四个方面的能力，不仅能够实现个人的价值，还能够为社会的发展和人类的进步贡献自己的智慧和力量。这正是现代社会处世四要素的人生哲学和社会责任的深刻内涵。

参考文献

1. 古斯塔夫·勒庞.乌合之众：大众心理研究［M］.马晓佳，译.北京：民主与建设出版社，2018。

2. 斯科特·普劳斯.决策与判断［M］.施俊琦，王星，译.北京：人民邮电出版社，2004。

3. 鹤老师.鹤老师说经济［M］.北京：北京联合出版公司，2021。

4. 达尔文.物种起源［M］.苗德岁，译.南京：译林出版社，2013。

5. 郭奕玲，沈慧君.物理学史（第二版）［M］.北京：清华大学出版社，2005。

第二章 认知篇

1. 无法准确预测是世界的本质运行规律

世界不是非黑即白的，存在大量的灰色地带。这些灰色地带常常体现在我们的日常生活中，例如，在道德决策、法律判定以及社会规范的形成过程中，往往不可能完全地界定对与错。生活中充满了各种复杂性和不确定性，人们在面对各种选择时，往往需要在不同价值观和利益之间进行权衡。

以日常工作为例，我们在职场中经常会遇到道德困境。一名员工可能在完成任务和维护同事关系之间陷入两难；或者在追求个人职业发展和对公司忠诚之间面临选择。在这些情境中，员工需要基于自己的思考，结合公司环境、同事关系和个人价值进行权衡，从而选出最合适的处理方式。例如，面对工作与个人生活的时间平衡问题，有的员工会选择加班完成任务以表达自己的职业追求，而有的员工则更注重家庭生活，选择优先照顾家庭，只在上班时间投入工作。

在法律裁定方面，法官在裁决一个案件时，需要考虑到法律条文的字面意义以及法律精神的内在要求。在实践中，同一法律条文可能会有不同的解释和应用，因此法官在判决时常常需要平衡各种因素，包括案件的具体情况、社会公共利益、法律的长远影响等。例如，在知识产权的案件中，法官往往需要在保护创新者合法权益与促进行业发展、确保公共利益之间找到恰当的平衡点。

社会规范的形成是一个动态演变的过程。随着社会的发展和人们价值观的变化，某些社会规范可能会被重新审视和定义。例如，2021年1月1日起实施的《中华人民共和国民法典》规定，非婚生子女享有与婚生子女同等的权利，任何组织或者个人不得加以危害和歧视。这种变化是社会规范适应时代变迁的结果，体现了社会对于多元化和包容性的接纳。

现实世界的复杂性要求我们在面对问题时能够超越二元对立的思维模式，理解并接受灰色地带的存在。我们需要学会在多元价值观中寻找平衡，这不仅是个人发展的需要，也是社会进步的体现。

生活中的每一个决策，都可能涉及多方面的考量，我们要做到既不盲目遵循规则，也不完全凭借主观意愿行事，而是在理性分析的基础上，综合各种可能性和后果，做出最合理的选择。

1.1 测不准原理

测不准原理在量子力学中是一个非常重要的概念，它指出了对于一个量子系统，我们无法同时准确知道某些物理量的值，比如位置和动量。这并不是因测量技术的不完善所造成，而是量子世界的根本属性。海森堡首次提出了这一原理，并在薛定谔方程等量子理论基础进一步获得证实。

在日常生活中，虽然测不准原理的影响微乎其微，但在某些技术领域，比如纳米技术、量子计算等前沿科学中，测不准原理的效应却是至关重要的。在纳米尺度下，材料的物理性质会受到量子效应的显著影响，科学家们必须考虑到测不准原理带来的制约因素及其影响，以科学预测和控制纳米材料的行为。例如，在设计量子点时，电子的位置与动量的不确定性限制了量子点的最小尺寸和能级结构，从而影响到其发光特性和应用潜能。

量子计算机利用量子比特（qubit）进行信息的编码和处理，每个量子比特能够同时表示0和1两种状态，这种现象称为量子叠加。然而测不准原理告诉我们，我们无法精确地知道一个量子比特的确切状态，因为任何测量尝试都会干扰叠加状态，导致信息的丢失。因此量子计算机的设计者必须找到方法来最小化测量过程中的扰动，同时开发出能够稳定量子比特并读取信息而不破坏其叠加状态的技术。

在医学领域，核磁共振成像（MRI）技术的发展也受到测不准原理的限制。在MRI中，精确测量原子核的旋转状态对于获得清晰的身体组织影像至关重要。然而，由于测不准原理的存在，科学家们必须使用复杂的量子探测技术和算法来提升影像的清晰度和准确性，同时尽量减少对人体的潜在影响。

在气象预报中，测不准原理也有着类似的应用。尽管这里的不确定性不是由量子物理直接引起的，但气象系统的混沌特性使得长期预测变得极其复杂。就像测不准原理所指出的那样，对于复杂系统中的某些变量，我们无法同时获得极其精确的测量值和状态预测。因此，气象学家在制作预报时必须考虑到这种不确定性，并利用概率统计方法来给出未来最可能出现的天气变化。

回到日常生活中，假设你在规定时间内有两门考试需要同时进行准备，每门考试的知识点都非常广泛并且富有深度。如果你把时间全部投入到其中一门考试上，你可以非常精准地掌握这门考试的知识，但你对另一门考试的准备就会非常不足；如果你试图在两门考试之间平均分配时间，那么就对每门考试的知识掌握都会略显不足。这类似于测不准原理中同时测量两个互补变量时的限制。

简而言之，测不准原理揭示了自然界和人类社会的一个基本面貌，那就是不确定性是无法避免的。但正是这种不确定性，也为科学的发展和社会的变迁提供了新的挑战和机遇。无论是在微观的量子层面，还是在宏观的日常生活中，我们都必须接受这种不确定性，并且学会在不确定性中寻找共性规律，发展出适应性强的技术和方法，以不断强化对自然界和人类社会的理解和改造能力。

1.2 三体问题

三体问题不能精确求解，即无法预测所有三体问题的数学情景。这一事实的现实意义在于，它体现了自然界中的不确定性和复杂性，即使是使用当今最先进的计算工具和理论模型，我们依然无法完全揭示和预测三体系统的动态演化过程和结果。

在宏观领域，三体问题的不可预测性与天体运动的长期演化密切相关。例如，我们无法准确预测太阳系内行星间的相互作用如何在数百万年后影响它们的运行轨道。在微观层面，三体问题亦与量子力学中的不确定性原理相似，反映出即使在最基本的物理层面，未来也充满了不确定性。

凡事有弊就有利，从好的一方面考虑，这种不确定性并非全然负面，从主观上它激发了科学家们去积极寻求更加深入物理规律的主动性，客观上也为未来世界的丰富多样性提供了物质基础。在探索更为普适的宇宙规律的过程中，研究人员已经发现，非线性动力学理论可用来描述某些特定的三体问题，它们在某些特殊条件下可以展现出近似的规律性。例如，拉格朗日点的概念，就是在特定的三体配置中存在稳定点，天体可以相对静止地保持在这些点上。这一发现对于卫星的轨道设计和深空探测任务具有重要意义。

现实中，三体问题的不确定性也启示着我们在处理复杂系统问题时必须采用概率论和统计学方法。在气候模型预测中，由于大气、海洋、陆地和冰川等众多因素的复杂交互，预测气候变化也像处理三体问题一样，存在很大的不确定性。科学家们通过收集大量数据，使用统计方法来预测天气和气候趋势，虽然无法精确预测个别天气事件，但可以有效地提高预测长期气候变化趋势的准确性。

三体问题在经济学领域也有其体现。金融市场上的多主体交互，往往呈现出与三体问题类似的复杂和不可预测性。市场的微观结构、投资者行为以及国际政治经济形势等因素，使得市场走势预测成为一项极具挑战性的任务。经济学家和金融分析师们运用类似于处理三体问题的数学模型和计算机模拟，来分析和预测市场动态。为了更好地应对市场的不确定性，研究人员借鉴了物理学中的扰动理论和分形几何学。扰动理论帮助分析小幅变化如何在系统中传播和放大，而分形几何学则提供了一种理解市场自相似性和复杂结构的方法。这些理论的应用，使得我们可以在某种程度上量化市场的风险和不确定性，并制定相应的投资策略，从而在复杂多变的市场环境中获得相对稳定的收益。

机器学习和人工智能技术的快速发展，也为解决金融市场中的三体问题提供了新的工具。通过对海量数据的挖掘和分析，机器学习算法能够从中提取出微妙的关联和隐含的规律，这些是过去传统分析方法难以捕捉到的。人工智能系统可以根据实时数据不断调整预测模型，从而提高预测的准确性和时效性。例如，深度学习算法被用于构建神经网络模型，模拟市场中多主体的交互行为，揭示出复杂的动态模式。

尽管如此，我们也必须认识到，任何模型和算法都有其局限性。金融市场的本质是由人类行为驱动的，而人类行为本身就具有高度的不可预测性和复杂性。因此，无论是数学模型、计算机模拟还是人工智能技术，都无法完全消除市场的不确定性。相反，我们应该将这些工具视为辅助决策的手段，而不是绝对的预测神器。

日常生活中直接应用三体问题的情况较少，不过通过一些类比和延伸思考，我们可以找到它在某些领域中的间接应用或相关现象。比方说，在三个人的小团体中，关系的互动会变得异常复杂。如果三个人之间的关系有任何变化（如A和B发生争执，或C和A关系变得更亲密），整个团体的动态都会受到影响。这种复杂的互动关系类似于三体问题中三颗天体之间的引力相互作用。

总的来说,三体问题的复杂性不仅是一个理论上的难题,它也深刻反映了我们所生活世界的本质。在这个充满不确定性的世界中,我们不断探索、学习和适应,通过不断地研究和实践,提高对复杂系统的理解和预测能力,以更好地适应这个不断变化的世界。

这一过程也是人类认识自然、社会和自身的过程,它不断推动着科学和技术的进步,对于推动人类文明的发展具有深远的意义。

1.3 薛定谔的猫

薛定谔的猫是一个由奥地利物理学家埃尔温·薛定谔在1935年提出的物理思想实验,用于揭示量子力学中的叠加态与坍缩问题。

大概的意思是说,一个盒子里装着一只猫,你不打开盒子,不知道这只猫是活的还是死的,这只猫既是活的也是死的,是叠加的状态。你一观测它,才发现它是死的或者是活的。当我们得到一个力学量的测量值时,其对应的态就是粒子所处的状态。粒子被观测后,就由原来的叠加态,变成了之后的某个本征态,发生了坍缩。这个有点难理解。量子力学说你的猫既在客厅又不在客厅,你要去看这只猫在不在,你就实施了观察的动作。你一观察,这只猫的存在状态就坍缩了，它就从原来的在客厅又不在客厅的叠加状态，一下子变成在客厅或者不在客厅的唯一的状态了。

在这个思想实验中，猫代表了微观粒子的叠加态，而观测行为则是对这些微观粒子进行测量。这一过程在日常实事中其实难以找到直接对应，因为在宏观世界中，我们很少会遇到类似的现象。然而，量子力学的非直观性并不意味着它与现实世界割裂。通过现代技术，量子叠加态的特性已经在诸如量子计算、量子加密以及量子通信等领域得到了实际应用。

量子计算机在设计时，就是利用量子位（qubit）可以处于叠加态的特性来同时进行大量计算，从而解决传统计算机难以解决的问题。传统的计算机位（bit）只能处于 0 或 1 的状态，而量子位能同时处于 0 和 1 的状态，这意味着它可以在计算过程中探索多种可能性。这种计算能力在处理大规模数据分析和复杂算法时展现出巨大优势。

在量子加密领域，叠加态的特性使得信息传输可以更加安全。量子密钥分发利用了量子态的不确定性和观测导致的态坍缩特性，使得任何未授权的观测行为都会立即被检测到，从而保证了密钥传输的安全性。这种加密方式的理论安全性远超过传统的加密方法，因为它基于量子力学的基本原理，而非数学难题的复杂性。

量子通信则是通过量子纠缠这一现象，实现了信息的"瞬时"传输，哪怕隔着极其遥远的距离。量子纠缠是指两个或多个粒子在某些属性上形成的特殊连接，这些粒子的量子状态无论相隔多远，都会即刻相互影响。在日常生活中，这种现象可以类比于两个完全同步的钟表,无论相隔多远,它们显示的时间总是完全一致。虽然这种通信方式还存在许多技术上的挑战,但它展示了量子力学原理在未来通信技术发展中的巨大潜力。

所以说,薛定谔的猫实验不仅是理论物理学的经典思想实验,也为我们进一步理解量子世界提供了重要的视角。在日常实事中,虽然我们不会直接观察到宏观对象的量子叠加状态,但量子力学的原理已经穿透到了科技发展的多个方面,影响着我们的生活。未来,随着量子技术的不断发展和成熟,量子力学与日常生活的联系将会更加紧密,我们的世界将会因此变得更加奇妙和不可思议。

1.4 不可能三角

在数学上,三角形具有极强的稳定性;然而在现实中,我们往往面临"三者最多选其二"的纠结处境。比如说生产商品有三个重要的指标,速度快、质量好、成本低,然而现实中这三个指标却难以同时兼得。生产快,成本又低,高品质就无法保证;质量高,用料做工就得好,时间就得拉长;慢工出细活,就无法低成本。

在教育领域,我们亦可以看到类似的"不可能三角"情形,即普及性、质量与成本之间的平衡。教育普及性的提升意味着更多的人口可以接受教育,但若同时追求高质量的教育,那么必然会带来更高的教育成本;反之,若要降低教育成本，无论是通过减少师资投入还是缩减基础设施投资，都会对教育质量产生负面影响，同时也可能影响到教育的普及性。

在医疗卫生领域，"不可能三角"同样存在。即高水平的医疗服务、普及性以及可承受的医疗费用三者难以兼顾。若要提供全民覆盖的医疗服务，同时保持服务水平，就需要大量的财政投入和医疗资源，这将会导致医疗费用的急剧上升；而为了控制医疗费用不至于过高，就不得不适当降低服务的普及性或者服务质量。

在科技行业，创新速度、技术稳定性和开发成本构成了其"不可能三角"。快速的创新发展意味着需要大量的研发投入，这将推高成本；而为了保证技术的稳定性，往往需要经过长时间的测试和改进，这无疑会延缓创新速度；若是在成本控制较为严格的情况下进行技术开发，则既难以保证技术的快速更新，也难以保证其稳定性。

在环境保护方面，清洁、高效与廉价也是另一组"不可能三角"。清洁能源技术往往成本较高，而廉价的能源如煤炭等则对环境造成严重影响；高效的能源技术开发需要大量的研究与资金投入，这又会提升能源的成本。

在人力资源管理中，雇主面临的"不可能三角"则是高效率、高满意度和低成本。雇员的高满意度通常需要公司提供良好的工作环境、优厚的薪资福利以及可期的职业发展机会，这无疑会增加企业的运营成本；而在追求最低成本的过程中，可能会牺牲员工的满意度甚至影响工作效率。要在这三者之间找到平衡点是管理者的重要课题。

<u>不同领域的"不可能三角"体现了资源配置的困境与挑战。在有限的资源和条件约束下，追求三者同时最优几乎是不可能的，这要求我们在实践中不断探索与权衡，以期找到最佳的平衡方案。</u>

在物理学中，"不可能三角"现象可以以热力学第二定律的一个表现形式来具体说明。热机不可能同时实现效率最大化、能量守恒以及完全转换。具体来说，任何热机都不能100%地将吸收的热量全部转换为有用的工作，总会有一部分能量以废热的形式散失。因此，热机的效率存在一个理论上的极限——卡诺效率，这是由热源和冷源的温度决定的。在追求效率最大化时，热机必须牺牲能量转换的完全性和部分能量的守恒。这便是物理学中的一个不可能三角。

在生物学领域，演化生物学家提出了"生存繁衍的不可能三角"，即一个物种不可能同时拥有极高的繁殖率、极高的生存率和长寿命。这是因为资源的有限性以及生物体的生理和遗传限制。例如，一些小型哺乳动物，如老鼠，它们具有很高的繁殖率，但相应的其生存率较低，寿命也较短；而大型哺乳动物如大象，它们的寿命较长，且生存率较高，但繁殖率相对较低。这种权衡在生物学上被称为"生命史策略"，是物种为了在演化过程中适应不同的环境条件而形成的一系列生理和行为特征的优化组合。

无论是物理世界还是生物世界，不可能三角都是普遍存在的。它反映了一个基本事实：在一个复杂的系统中，优化某一方面往往伴随着在其他方面的妥协和牺牲。这种现象不仅适用于自然科学领域，同样也适用于工程学、经济学和管理学等领域。

在实际操作和决策过程中，识别并理解所面临的不可能三角，有助于我们做出更平衡、更具前瞻性的选择。它提醒我们，在追求某一目标时，必须考虑到可能带来的其他方面的损失，并在各种限制和条件下，寻找最佳的平衡点。

人生也一样，每个人都渴望过着无忧无虑、开心美满的日子，不愿面对风险的挑战。然而，当我们在生活的三角形中拥有了其中两个，就应当心怀感激；若奢望第三角，那么原有的平衡就将打破。但这一点，常常被人们忽略。

总结提升

无法准确预测是世界的本质运行规律，但这并不意味着我们对未来完全无能为力。相反，这种不确定性提醒我们要时刻保持谦逊，尊重自然和社会的复杂性，更要保持一颗时刻充满求知欲和探索欲的心。人生教育我们在面对这种不确定性时，要具备一种豁达和包容的心态。我们需要明白，尽管无法预见一切，我们仍然可以在不确定中找到自己的方向和意义。

从人生哲学的角度来看，不确定性让我们学会接纳变化。变化是唯一不变的规律，而适应变化成为我们在这个世界中生存和发展的基本能力。我们应当学会在变动中寻找机遇，培养灵活的思维方式和应变能力。人生的意义不在于掌控一切，而是在于如何在不确定的环境中活出真实的自己。每一个决定和行动，都是我们对未来可能性的探索和尝试。

不确定性也促使我们珍视当下的每一刻。每一个瞬间都是独一无二的存在，无法重现。正因为未来充满未知，我们更应当珍惜眼前的时光，充实每一天的生活。我们要学会在日常的点滴中找到幸福，培养积极的心态，享受过程，而不仅仅是追求结果。只有具备这样的人生态度，才能让我们在面对不确定时心态平和，更能让我们在困境中看到希望。

从社会责任的角度来看，不确定性要求我们建立更加紧密的社会联系和合作机制。面对复杂多变的世界，个人的力量往往有限，只有通过合作与共享，我们才能更好地应对挑战。社会中的各个群体都需要加强沟通与协作，推动多元化解决方案的产生与应用。企业和组织应当承担更多的社会责任，为社会的稳定和发展贡献力量。我们要倡导公平与正义，减少社会的不平等，让更多人享有发展的机会和资源。

与此同时，不确定性也提醒我们要有前瞻性的思维，注重可持续发展。随着环境问题的日益严峻，我们必须意识到当前的行为对未来的深远影响。我们要倡导环保理念，推动绿色经济，减少资源浪费，保护自然生态。这不仅是对未来负责，也是对子孙后代的承诺。我们应当积极参与全球事务，共同面对气候变化、贫困、疾病等全球性挑战，通过国际合作与政策协调，寻找可持续发展的道路。

不确定性赋予我们无限的创造力和创新空间。正因为未来不可预测，我们才有机会不断探索新领域，开辟新路径。创新是推动社会进步的动力，也是应对不确定性的有效手段。我们要鼓励创新精神，支持科技研发，培养创造性思维。教育和科研机构应当发挥重要作用，培养具有全球视野和创新能力的人才，为社会的长远发展奠定基础。

总而言之，不确定性虽然带来了挑战，但也赋予了我们无限的可能。通过人生哲学和社会责任的双重视角，我们可以在不确定的世界中找到稳定的锚点，活出有意义的人生，并为社会的进步和繁荣贡献力量。在这个不断变化的世界中，唯有坚持内心的信念和社会的责任，我们才能在不确定性中迎接更加美好的未来。

2. 梯度，顺势而为者莫过于势如破竹

《孙子兵法》云:"水形避高而趋下,兵势避实而击虚。"顺势而为即借势用势,乘势而上,以小搏大,达到事半功倍之效。兵法之道,善用势者,如同顺流行舟,不费力而日行千里。

势能,是由于物体在势场中的位置而获得的能量。在经典物理学中,它是一个守恒量,即在没有非保守力(例如摩擦力)作用的理想系统中,物体的势能加上其动能的总和是恒定的。势能可以有多种形式,如重力势能、弹性势能、电势能等,它们都与物体在势场中的位置有直接关系。

通过深入探讨势与势能,我们不难发现,势的本质其实是势能梯度。在物理学中,我们通常用力来描述物体的运动状态,而力实际上是势能对空间位置的变化率,即梯度。因此,当我们讨论顺势而为时,本质上是指沿着势能减小的方向移动,这样的过程往往伴随着能量的释放和转换。

以重力场为例,重力势能是物体由于其在地球重力场中的位置而获得的能量。当物体在垂直方向上移动时,其重力势能将发生变化。物体从高处落下,重力势能转化为动能,这一过程就是顺着势能梯度的自然移动。我们可以通过计算物体在不同高度上的重力势能来预测其落下时的速度和动能。

在电磁学中,电势能则与电荷在电场中的位置有关。一颗带电粒子在电场中会受到电场力的作用,正电荷会沿着电势减小的方向运动,而负电荷则相反。电场力实际上是电势能的梯度,电势能的变化直接决定了带电粒子的运动状态。

在量子力学中，势能的概念更是至关重要。薛定谔方程描述了粒子的量子态，而方程中的势能项则决定了粒子的行为和分布。在量子力学框架下，势能不再是一个简单的标量函数，而是与粒子波函数紧密相连，形成一个复杂的非局域性相互作用。粒子的波函数在势能较低的区域有较高的概率密度，这反映了粒子倾向于处在势能较低的位置。

势和势能是描述物理世界中事物间相互作用和能量变换的重要概念。在微观世界中，势能的量子化表现出更加复杂和精妙的特性；而在宏观世界中，势能的守恒性则为多种物理现象提供了简洁明了的解释。无论是在理论研究还是在实际应用中，对势与势能的深入理解对我们掌握物质的本质属性和预测物体的动态行为均具有至关重要的意义。

<u>顺势而为并非总意味着沿着潮流或势差最大的方向前进。更多时候，顺势而为实际上是指在复杂的力场中，找到一条既能充分利用现有势能差，又能克服各种阻力的最优路径。</u>

以电场为例，电荷在电场中的运动趋势，正是顺着电场线的方向，这一方向上电势降低最快，即电势差最大。但在现实生活中，导体的存在会改变电荷的运动路径，电荷会选择在导体表面运动，因为这是电阻最小、能量损耗最低的路径。

我们来考虑电磁学中的另一个经典例子——洛伦兹力，即带电粒子在磁场中受到的力。这个力的方向垂直于磁场方向和电荷的速度方向，大小与这两者的乘积以及电荷量成正比。洛伦兹力的存在，使得带电粒子的运动轨迹变为螺旋形，这是因为磁场对电荷的作用力使其做圆周运动，而电荷原本的动量则保持其沿磁场线运动。这种现象在粒子加速器和电视机的阴极射线管中都有应用。粒子被加速后，会在磁场中形成稳定的螺旋轨迹，这样可以在有限的空间内获得非常高的速度和能量。

再来看另外一种物理现象——热力学中的熵增原理。熵描述的是系统的无序程度，系统趋向于熵增的方向发展，这是热力学第二定律的一个表述。从微观角度来看，熵增意味着微观粒子的运动更加无序，状态空间增大。而从宏观角度看，这表现为能量从高能区域流向低能区域，直至达到平衡状态。这一原理告诉我们，顺势而为在热力学中意味着能量传递和转换过程中的自然趋势，是从有序走向无序，从集中走向分散。

在流体力学中，伯努利原理阐释了流速越大、流体的压强越小。这一原理解释了飞机升力的产生以及水流能够从狭窄的管道中加速流出的现象。当流体沿着一定的压力梯度流动时，流速的增加导致压力的减小，这是流体顺势而为的一种表现。在工程应用上，这一原理被用来设计更高效的水泵、风机等设备，以及在航空工业中设计更加高效的机翼。

无论是在电磁学、热力学还是流体力学中，顺势而为的概念都是深刻且多元的。物理学家通过研究各种自然现象和力学规律，揭示了物质运动和能量转换的本质路径。在这些过程中，顺势而为并不仅仅是简单的顺从，而是在充分理解和分析势能分布、力的作用机制和能量转换过程的基础上，寻找最合理、最经济的运动和转换方式。

让我们再回到日常生活中，顺势而为的理念同样具有重要的现实意义。无论是在生活还是工作中，当我们在面对各种各样的问题时，都可以通过顺应自然规律和社会趋势，来找到最为高效且经济的解决方案。比如，在家居设计中，合理利用自然光和通风，不仅能够减少能源消耗，还能提高居住的健康性和舒适度。这就类似于热力学中的能量转换，我们通过对环境的深入理解，将自然环境与设计理念做一个有机的融合，从而找到最节能的生活方式。

在职业发展方面，顺势而为意味着了解和顺应行业的发展趋势，借助行业的力量来实现自我追求。现代社会中，各行各业都在迅速变化，只有通过不断学习和适应新技术、新理念，才能在职场中保持持续竞争力。例如，AI的快速发展要求从业者不断更新信息技术知识，掌握这一先进工具，以适应最新的职场应用场景。这就像电磁学中的电流方向，只有顺应潮流，才能保持高效和前进的动力。

顺势而为还可以体现在人际关系中。与人相处时，理解和尊重他人的情感和需求，顺应对方的意愿，往往能够建立起更加和谐的关系。这类似于流体力学中的流体运动规律，水流总是选择阻力最小的路径前进。在社交互动中，我们通过观察和理解他人的行为，找到最合适的沟通方式，从而达到最佳的交流效果。

在健康管理方面，顺势而为的理念同样重要。现代医学研究表明，顺应人体的自然节律和生物钟，能够有效提高健康水平。例如，按时作息、均衡饮食和适度运动，都是顺应人体自然规律的健康行为。这类似于物理学中对能量转换的理解，通过合理安排生活方式，我们能够最大化地利用自身的能量，提高生活质量。

在教育领域，顺势而为的理念也非常适用。教育工作者通过了解学生的兴趣和个性特点，因材施教，能够更有效地激发学生的学习兴趣和潜能。这就像在力学研究中，找到最合适的力的作用点，可以使物体达到最佳的运动状态。现代教育理念强调尊重学生的个性发展，顺应他们的成长规律，培养他们的创新能力和独立思考能力，从而为社会培养更加多元化和富有创造力的人才。

顺势而为不仅是物理学中的一个重要概念，也是一种充满智慧的生活哲学。通过对自然规律和社会趋势的深入理解和顺应，我们能够找到最为合理、高效的行动方案，提升个人生活质量和社会整体发展水平。

2.1 一维比长度，二维比面积，三维比体积：$90<45\times45<30\times30\times30$

多维模型的思考和行为方式为我们提供了实现降维打击的方法和路径，基础维度能力突出是为了抵消固定成本后保持正值，从而为其他维度加成提供一个正因子，否则其他维度上再努力也是事倍功半甚至事与愿违，因此要做到在一门精的基础上门门通。

然而，达到这一目标并非易事，它要求实践者在多维模型的指导下，针对不同领域采取多角度、多层次的行为方法。具体到实践中，实践者需要不断扩展自己的知识边界，通过阅读、研讨、实验等多种形式接触和吸收新的学科知识。在此过程中，不断提升对相关领域的理解力、分析力和创造力，才能在各自的实践领域中形成互补和协同效应。

以大数据分析为例，这一领域要求实践者不仅要掌握数据科学的核心技术和方法，还需要对所实践的应用领域——无论是金融、医疗还是社会科学——有足够的认识。这种跨界知识的整合能力，让实践者能在大量异构数据中发现规律，提出创新的解决方案，这正是数据时代的核心竞争力所在。

同样，在人工智能的实践中，也体现了多方向多领域行动的必要性和紧迫性。人工智能技术的发展已经渗透到各个行业和领域，实践者需要理解机器学习、认知科学、心理学等多个学科的理论和实践，才能设计出智能化程度更高、更具有适应性的算法和系统。

随着社会对可持续发展的重视，环境科学、能源科学等领域的实践越来越受到关注。在这些实践中，实践者需要整合生态学、化学、物理学等学科的知识，并能够跨越学科边界，协同工作，共同推动环境保护和能源革新。

在日常生活中，我们常常会面临各种各样的问题和挑战。为了在这些复杂的情境中取得主动，我们需要具备多维度的思考和行为能力。这不仅仅是指在某一领域深耕细作，而是要在多个领域都有所涉猎，形成一种综合能力。

例如，在职场中，我们不仅需要专业知识，还需要管理能力、沟通技巧和团队协作精神。一个优秀的项目经理，不仅需要了解项目的技术细节，还需要具备统筹规划的能力，能够有效协调团队成员的工作，及时与客户沟通，确保项目按时完成。只有通过多维度的锤炼，才能在职场中脱颖而出。

在我们的日常生活中，也不乏这样的例子。比如，一个优秀的厨师，不仅需要掌握烹饪技巧，还需要了解食材的营养价值，懂得如何搭配出健康美味的菜肴；同时，他还需要具备一定的艺术素养，懂得如何将菜品摆设得赏心悦目，进而提升用餐者的体验感。这些综合能力的运用，才能使他不仅仅是一个厨师，更是一个艺术家。

在教育方面，我们也可以看到多维思考的重要性。传统的教育模式往往强调单一学科体系的学习，但随着社会的发展，综合素质教育越来越受到重视。一个学生不仅需要在学术上有所成就，还需要在体育、艺术等方面有所涉猎。这样的学生，才能在未来的社会中具备更强的竞争能力和适应能力。

此外，多维思考方式还可以帮助我们更好地解决日常生活中的问题。例如，面对家庭财务管理，我们不仅需要具备基本的理财知识，还需要了解市场经济的运行规律，懂得如何进行风险管理。这些综合能力的运用，使得我们能够在财务管理中更加得心应手，从而实现家庭财富的稳定和增长。

在社会交往中，多维思考同样发挥着重要的作用。一个人如果具备多方面的知识和能力，他在与人交往时就能更容易找到共同话题，进而建立更加深厚的人际关系。比如，一个既懂得音乐，又喜欢运动的人，在面对不同兴趣爱好的人时，往往都能找到切入点，从而愉快地交流。这种多维度的社交能力，使得他在人际交往中游刃有余。

因此，多维度思考和行为方式，不仅可以提升我们的专业能力，还能增强我们在日常生活中的综合素质。通过不断地锤炼和提升，我们可以更加灵活应对不同的情境，快速解决更多问题，取得更大的成功。这种能力的培养，不是一朝一夕的事情，需要我们在日常生活中不断地学习和积累。日积月累，我们才能真正做到在一门精的基础上门门通，成为一个全方面发展的综合型人才。

2.2　蓄势是为了生存和发展，生命如此，企业亦如此

高等生命拥有漫长的生长期，何也，蓄势。高等生命体在其生长期内，通过积累资源、适应环境、优化基因等多种方式不断蓄势，为未来的个体繁衍和种群扩张做好准备，这种蓄势的过程在自然选择中扮演着至关重要的角色。自然选择的核心在于适者生存，而高等生命体的蓄势过程，正是为了在竞争激烈的生存环境中取得优势。

蓄势不仅仅是资源的积累，更是对环境变化的敏锐感知和快速适应。高等生命体通过漫长的时间来积累生活资源和生存经验，以应对未来可能出现的各种机遇和挑战。比方说，人类有漫长的成长期，不只在于身体的生长，以期获得体格优势；更重要的是随着大脑的发育和智力的增长，使我们获得了更大适应和改造自然的能力。某些动物在食物充足的季节中会积累脂肪，以备不时之需，这种行为不仅是对当前资源的有效利用，更是对未来环境不确定性的一种应对策略。通过蓄势，高等生命体能够在自然选择的过程中占据更加有利的生态位。

企业的发展过程与高等生命体的蓄势过程有着惊人的相似之处。企业在初创阶段，通过不断积累资本、技术、人才等资源，为未来即将面临的激烈市场竞争做好准备。企业的蓄势不仅体现在资源的积累上，还体现在对市场环境的研究和适应能力的快速提升上。成功的企业往往能够在市场变化中迅速调整策略，以抓住新的机遇和应对新的挑战。

自然选择和生命进化的过程告诉我们，蓄势并不是一个静态的过程，而是一个动态的、不断调整和优化的过程。高等生命体通过基因突变和自然选择，不断积累有利变异，不断优化自身适应性，不断增强适应变化环境的能力。同样，企业在发展过程中，也需要通过不断地优化和调整，强化自身的竞争力，以应对市场的快速变化。成功的企业往往能够在市场变化之前就预见到趋势，通过技术创新、产品更新、人才储备等方式，提前积累竞争优势。

从自然选择的角度来看,蓄势过程中的每一个细节都可能决定未来的生存与否。高等生命体通过不断优化自身的基因和行为策略,得到最大化生存和繁衍的机会;企业在发展过程中,同样需要注重每一个细节,从产品质量到客户服务、从市场营销到内部管理,每一个环节的优化都可能成为未来竞争中的制胜法宝。

在自然界中,只有那些能够在蓄势过程中不断优化自身的高等生命体,才能在激烈的生存竞争中脱颖而出;同样,在商业竞争中,只有那些能够在蓄势过程中不断提升自身竞争力的企业,才能在市场中立于不败之地。

无论是高等生命体还是企业,蓄势的过程都不仅仅是资源的积累,更是对未来变化的预见和应对策略的不断优化。通过这种方式,才能在自然选择和市场竞争中脱颖而出,获得长远的发展和成功。

总结提升

升维思考,方能降维打击。AI + 为势,超级产品 + 超级渠道也为势能,熵减为势。

从历史的角度来看,"势和梯度"是古老而又深刻的概念,它们不仅在科学和工程中得到了广泛应用,而且在哲学、政治和社会变革中也有其深远的影响。

在历史上,势的概念最早可以追溯到古希腊时期。亚里士多德提出了"势"(dynamis)和"现"(energeia)理论,认为一切事物都有一种内在的潜能，能够在适当的条件下转化成实际的存在。这种理论在后来的物理学和哲学中得到了进一步的发展。例如，牛顿的引力势能理论，以及后来的电势能、磁势能等，都源于这种潜能转化的思维方式。

在哲学上，"势"不仅仅指物理上的能量或力量，它还可以是某种潜在的可能性。例如，黑格尔的辩证法强调事物的发展是通过矛盾的对立统一来实现的，这种对立统一中的"势"是一种内在的推动力，促使事物不断向前发展。黑格尔认为，历史的发展过程就是一个不断生成和实现潜能的过程。

"梯度"在科学上的应用主要是指某种量的变化率，例如温度梯度、浓度梯度等。但在哲学和历史上，"梯度"可以理解为一种发展过程中的方向性和速率。例如，在社会变革中，革命和改革所带来的社会进步可以看作是某种"梯度"的体现。马克思的历史唯物主义认为，生产力的发展是推动社会变革的主要力量，这种生产力的发展就是一种"社会势能"的积累和释放过程。

在商业和技术领域，"势和梯度"的概念同样重要。企业在市场竞争中如何利用"势"来实现"梯度"的突破，是决定其能否成功的关键。从历史经验来看，成功的企业往往能够识别并利用市场中的"势"，如技术创新、市场需求变化等，然后通过战略性的"梯度"实现市场的占领和扩展。

从历史和哲学的角度来看，"势和梯度"是理解事物发展和变化的重要概念。它们不仅帮助我们解释自然界的现象，也为我们提供了一种思考人类社会和商业发展的新视角。通过深刻理解和灵活运用"势和梯度"，我们可以在复杂多变的环境中找到新的发展机会，实现更高层次的突破和进步。

3. 核心变量不同，可能导致同样的事情有截然不同的表象

我们知道，在量子力学中，粒子的行为和宏观物体的行为存在显著差异，但归根结底，这些行为都要遵循相同的物理原理。比方说，量子叠加原理表明微观粒子可以同时存在于多个状态，而我们在宏观世界中观察到的是这些状态的统计结果，表现为一个确定的状态。

同理，在热力学中，温度的高低决定了物质的不同表现状态。在低温下，物质可能表现出固态的特征；而在高温下，同一物质可能转化为液态甚至气态。如水在0℃时为冰，在100℃时为蒸汽，这些状态的转换并非源自不同的物理规律，而是温度这一核心变量的改变导致物质内能级的变化，从而引起物质状态的改变。

在电磁学领域，我们也可以看到类似的现象。通常来说，电和磁被认为是两种截然不同的物理现象，但麦克斯韦方程组揭示了它们之间的内在联系。电流产生磁场，而变化的磁场又能够产生电场，这一现象在发电机和变压器中得到了实际应用。速度的不同，即电荷移动的速度，会导致我们观测到电场和磁场的不同表现形式，而实质上，它们是电磁相互作用的不同侧面。

相对论进一步深化了这一理念，质量和能量在本质上是等价的，它们之间通过著名的等式 $E=mc^2$ 相互转换。这一发现表明，即使是看似截然不同的两个概念——质量和能量，实际上也是同一事物的不同表现形式。在高速运动的情况下，质量随着物体运动速度的增大而增大，这是因为速度的改变导致了能量状态的改变。太阳能电池板的工作原理也体现了这一观点。光子携带能量撞击到半导体材料时，会将电子从价带激发到导带，产生电流。在这个过程中，光子的能量和电子的运动是相互转换的，而光电效应则是这一物理现象的宏观表现。速度的不同，在这里指的是光子的能量或频率的不同，这决定了光电效应是否发生以及发生的效率。

无论是微观层面还是宏观层面，在相对论和量子力学的框架下，物理现象的核心在于能量和物质状态的转换。速度的不同，或者说是能量状态的不同，往往会导致我们观察到截然不同的现象，但这些现象背后遵循的却是相同的物理原理。因此，理解物理现象的关键在于揭示核心变量的作用及其导致的状态变化，这不仅有助于我们更深入地认识自然界，也是推动科学不断发展的根本途径。

3.1 速度，需求量与供给量的相对增长速度决定了一项事物未来升值还是贬值

核心变量不同，可能导致同样的事情有截然不同的表象。这一点在需求量与供给量的相对增长速度对价格的影响中尤为显著。为了更好地理解这一点，我们可以从以下几个方面进行深入探讨。

首先，需求量和供给量的相对增长速度对价格的影响有着直接的逻辑关联。当需求量增长速度超过供给量增长速度时，市场上的商品或服务供不应求，导致价格上升。这是因为消费者愿意支付更高的价格以获取有限的资源，供求关系

的失衡直接推高了市场价格；反之，当供给量增长速度超过需求量增长速度时，市场上商品或服务过剩，价格下跌。这是因为供过于求，供应商为了销售出更多的商品或服务，不得不降低价格以吸引消费者。

其次，需求量和供给量的增长速度不仅影响价格的短期波动，还决定了一项事物的长期价格走势。举例来说，在房地产市场中，如果城市化进程加速，需求量迅速增加，而土地供应有限，供给量增长速度缓慢，房地产价格自然会持续上涨；而若因人口流失或政策变化导致需求量下降，而供给量却没有相应减少，这将导致房地产价格下跌。同理，这种供求关系的动态变化同样适用于其他市场，如股票市场、商品市场等。

第三，需求量和供给量的增长速度还受到诸多因素的影响，这些共同影响着价格及其变化。例如，科技的进步能够提高生产效率，增加商品或服务的供给量，供给量的增长速度提高进而影响价格。同样，消费者偏好的变化也能改变需求量的增长速度。某种新产品的出现可能会迅速吸引大量消费者，从而大幅提高需求量增长速度，进而推高价格。因此，理解需求量和供给量的增长速度需要综合考虑技术、消费者行为等多方面因素。

第四，需求量和供给量的增长速度还会受到政策调控的影响。政府通过财政政策、货币政策、产业政策等手段，可以直接或间接地影响市场供求关系。例如，通过减税、加息等手段可以调节市场需求，通过补贴、限制生产等手段可以调节市场供给。政策调控的目的在于维持市场平衡，防止价格剧烈波动。因此，政策因素在需求量和供给量的增长速度中扮演着重要角色。

让我们将视角放宽一些，全球化进程也对需求量和供给量的增长速度产生了深远影响。随着全球贸易的深化，商品和服务的供需关系不再局限于单一国家，而是受到全球市场的影响。国际市场的供求变化、贸易政策、汇率波动等因素都可能导致某一商品或服务的需求量和供给量增长速度发生变化。例如，全球原油市场的需求和供给都受到国际地缘政治、经济周期等多种因素的影响，进而影响原油价格的波动。

归根结底，需求量和供给量的增长速度对一项事物的价格走势起着至关重要的影响作用。在自由市场经济中，市场价格反映了消费者与生产者之间的交互和市场的动态调整过程，而这一过程的关键变量就是增长速度。只有全面、深入地分析这一关键变量，并在此基础上深入分析影响关键变量的变量，我们才能更准确地预测和把握市场价格的变化趋势。

3.2 投资与消费的区别可以从标的物是通胀还是通缩的角度来把握

经济和商业活动中的投资和消费两者看似截然不同，但其核心变量的差异却是一致的，主要体现在对通胀和通缩的反应上。这种差异不仅体现在经济理论的分析框架中，更在实际的经济运行中体现得淋漓尽致。

投资行为的核心关注点是未来收益的预期，而这种预期在很大程度上受到通胀和通缩的影响。在通胀环境下，货币的购买力下降，投资者往往会寻求能够保值增值的资产，从而推动资本流向房地产、股票、贵金属等具有抗通胀特性的投资标的物。而在通缩环境下，货币购买力上升，现金持有的价值提高，投资者则可能更倾向于保守的投资策略，减少资本支出，甚至持有现金等待更好的投资机会。所以说，<u>投资其实是对通缩的标的物的追逐，即这个标的物未来是增长不足甚至是紧缩的，当然这个标的物包括货币</u>。

消费行为的核心变量是消费者的购买力和消费预期。在通胀环境下，消费者可能会加速消费，担心未来物价进一步上涨导致购买力下降，从而刺激消费需求，推动经济增长。而在通缩环境下，消费者则可能延迟消费，期待未来物价进一步下降以获得更多的实际购买力，结果导致消费需求萎缩，抑制经济增长。<u>所以，消费某种程度上说是消费通胀的标的物，即这个标的物未来是供给过量的，当然这个标的物也包括货币</u>。

这种对通胀和通缩的不同反应，决定了投资和消费在经济周期中的不同角色，更可以让我们能够简单直观地判断出哪种行为是投资，哪种行为是消费。

更进一步的，投资通常被视为经济增长的引擎，能够通过资本积累和技术进步推动长期经济增长；而消费则被视为经济活动的最终目的，是经济增长的直接驱动力。通胀和通缩环境下，投资和消费的不同表现直接影响到宏观经济政策的制定和实施。

回归到标的物本身，如果其在未来表现为通缩特性，即标的物供给增速小于货币供应增速，那它可以被定义为投资品；与之相反，如果其在未来表现为通胀特性，即标的物供给增速超出货币供应增速，那它可以被定义为消费品。简单来说，当一种产品未来的供给速率小于货币的供给速率时，不考虑其他因素和条件，这种产品就可以归为投资品，货币则是消费品，我们当下需要用货币换取产品；反之则需要将产品卖出换成货币进行储存。

对于投资者而言，理解某一标的物是投资品还是消费品，可以帮助他们更好地预测其未来的收益表现。投资品的供给增速小于货币供应增速，意味着其相对稀缺性增强，价格有可能上涨，从而为投资者带来较高的资本收益。相反，消费品的供给增速超出货币供应增速，价格可能趋于下跌或保持平稳，投资者的收益可能主要来自于其使用价值或消费价值，而非资本增值。

投资品和消费品的区分也影响到了资产配置策略。对于追求稳健收益的投资者，投资品可能更具吸引力，因为其价格上涨潜力较大，具备较好的避险功能。例如，黄金和比特币常被视为投资品，因为其供给相对固定，而货币供应则在不断增加，这使得它们在通货膨胀时期表现出较强的保值功能。而对于那些更注重流动性和短期回报的投资者，消费品可能更符合他们的需求，因为消费品通常市场需求较为稳定，价格波动相对较小，适合作为流动性管理的一部分。

从宏观经济政策的角度来看，理解标的物的特性也有助于政策制定者更好地控制通货膨胀和通货紧缩。假设在一个经济体内，投资品的供给增速显著低于货币供应增速，那么这一现象可能预示着潜在的资产泡沫风险。政策制定者需要通过货币政策工具，如提高利率或减少货币供应量，来抑制过度投机，防止金融市场的不稳定。反之，如果消费品的供给增速远超货币供应增速，可能导致通货紧缩，消费需求不足，政策制定者需要采取措施刺激消费，例如降低利率、增加财政支出或采取其他宽松的货币政策，以促进经济增长。

此外，对不同标的物特性的理解还能够帮助企业在定价策略和供应链管理上做出更明智的决策。对于生产投资品的企业，可能需要更多地关注市场供需平衡和宏观经济环境，确保能够在市场出现供不应求时迅速调整生产计划。对于生产消费品的企业，则需要更多地关注市场需求的动态变化和消费者偏好的转变，确保产品能够及时满足市场需求，避免积压和浪费。

标的物特性的识别还对金融市场的运行机制产生影响。例如，衍生品市场中的期货和期权定价模型，需要考虑标的物的供给和需求特性。投资品的稀缺性和价格波动特性可能导致其期货价格溢价，而消费品则可能表现出较低的溢价或贴水。这些因素对于金融机构在风险管理和投资组合优化中的决策至关重要。

标的物的通缩或通胀特性不仅对投资者的收益预期产生直接影响，也在宏观经济政策、企业经营策略以及金融市场运行中扮演着重要角色。通过深入理解和分析这些特性，能够更好地指导经济活动中的各方参与者做出科学合理的决策，从而促进经济的健康稳定发展。

总而言之，投资与消费的区别可以从其对通胀和通缩的不同反应角度来把握，这种不同反应不仅体现在经济理论的分析框架中，更在实际的经济运行中体现得淋漓尽致。理解这一点，对于制定和实施有效的宏观经济政策，促进经济健康稳定发展，具有积极的参考价值。

3.3 重复的教育导致思维惯性，固化的核心变量破坏力巨大

教育系统的核心变量包括教学方法、课程内容、评价标准等，而长期以来，这些核心变量往往趋于一致，形成了一种标准化的教育模式。这种标准化的教育模式在某种程度上确实提高了教育的效率和质量，但同时也带来了一些负面影响，其中最为突出的便是思维惯性的形成。

思维惯性是指人在长期习惯于一种思考方式后，难以接受或适应新的思维模式。这种思维惯性在教育中表现得尤为明显，因为学生从小到大接受的学校教育方式大同小异。当学生们经过长期的训练，使用相同的解题方法、面对相同的考试类型时，他们的思维方式便逐渐固化，形成了固定的条

件反射，甚至变得僵化和保守。这不仅限制了学生的创造力和创新能力，还影响了他们在面对复杂问题时的应变能力和处理问题能力。

对于这一核心变量的准确把握将影响到我们是否能够有效地打破这种思维惯性。在这一情形中，核心变量固化变成了常量，形成了思维惯性，核心变量恰恰成为了阻碍事物发展的重要障碍。

打破思维惯性的最根本方式是让核心变量再次变化起来。这就要求我们能够首先识别出那些决定行为和结果的关键变量，并通过引入新的信息或改变既有的环境来重新配置这些变量。

例如，在团队管理中，如果我们发现团队成员之间的沟通模式是导致项目延迟的关键变量，那么我们可以通过引入新的沟通工具或改变会议形式来打破原有的沟通惯性，使团队更有效地协作。

不过需要注意的是，识别关键变量往往并非易事，需要通过系统性的方法进行分析。可以运用数据分析技术来挖掘隐藏在大量数据背后的变量。例如，通过大数据分析，可以找出影响员工绩效的主要因素，从而有针对性地提前进行干预；也可以先提出一种假设，然后构建一种模型，最后通过计算机模拟实验来验证或者否定这种假设。通过控制变量的方法，可以逐步识别出哪些变量对结果有显著影响，哪些变量是次要的，哪些变量是无关的。

一旦关键变量被识别出来，下一步便是通过引入新的信息或改变环境来重新配置这些变量，从而打破关键变量可能存在的固化模式。引入新的信息可以促使人们重新评估已有的认知，从而打破思维惯性。例如，在教育领域，如果学生对某一学科的兴趣是影响学习效果的关键变量，那么教师可以通过引入与该学科相关的有趣故事或实际应用案例来激发和维持学生的兴趣，从而避免兴趣成为任务最后变为不感兴趣。改变环境则可以通过营造新的氛围或者提供新的解决方案来影响人们的行为。比如说，在企业文化建设中，如果创新能力是企业发展的关键变量，那么可以通过设立创新奖励机制或组织创新工作坊来进一步激励和维持员工创新兴趣和能力。

培养批判性思维能力也是打破思维惯性的重要方法之一。批判性思维强调对已有信息进行独立思考和质疑，从而形成自己的见解。通过培养批判性思维，人们可以更容易地识别出潜在的关键变量，并有针对性地主动寻求改变。例如，在科学研究中，研究者需要对已有的理论和数据进行批判性分析，先肯定再否定最后否定之否定，从而发现新的研究方向和方法。

另外一个有效的方法是鼓励跨领域的学习与交流。不同领域有着不同的思维方式和研究方法，通过跨领域的学习，可以引入新的视角和方法，从而打破原有的思维惯性。例如，在医疗领域，医生可以引入工程师的思维和行为方式，进而推动医疗设备针对性和有效性的创新改造，而社会学家可以运用经济学家的思维方式，从而可以更全面地分析社会问题。跨领域的学习与交流不仅有助于识别新的关键变量，还能为问题的解决提供更多可能性。

核心变量的变动具有关键性意义。通过对这些核心变量进行重新审视和动态优化，我们能够更加全面和精确地解析和解决各类复杂问题。这不仅有助于我们更加清晰地解读事物的本质，还为科学指导实践以及应对未来自然和社会系统的复杂变化提供了方法论支撑。

总结提升

就像海德格尔所言，每个人都是"被抛到"这个世界上来的，面对这个世界的复杂性和不确定性，我们的核心变量决定了我们对世界的理解和反应方式。

在人生哲学中，一个重要的观点是"内在因素决定外在表现"，这与我们对核心变量的探讨不谋而合。核心变量不仅仅是外部环境的条件，更是内心信念、价值观和思维模式的融合与综合体现。

在人生的旅途中，我们会面临无数的选择和挑战，这些选择和挑战的结果如何，很大程度上取决于我们的核心变量。比方说，一个人面对失败时，如果他的核心变量是坚韧和乐观，那他很大可能会将失败视为成长的机会，从中汲取经验和教训，进而重新收拾行装，勇敢前行直至实现自我价值；而一个核心变量是消极和逃避的人，可能会在失败面前丧失信心，甚至直接放弃努力。

我们可以进一步探讨核心变量对个人成长和人生成就的深远影响。

核心变量决定了一个人的思维方式和行为模式。积极向上的核心变量会促使人们不断追求进步，勇于突破自我；而消极的核心变量则可能导致人们停滞不前，甚至消极退步。培养和塑造积极的核心变量，是实现个人成长和成功的关键。

核心变量对我们的人际关系也有着重要的影响。一个核心变量是包容和理解的人，往往能够与他人建立更为和谐和深厚的关系；而核心变量是自私和冷漠的人，可能会在人际交往中遇到更多的障碍和冲突。优化我们的核心变量，不仅有助于个人的成长和成功，也有助于建立和维护良好的人际关系。

核心变量还与人的终极关怀密切相关。每个人的核心变量在某种程度上反映了他的生命意义和价值追求。那些核心变量是爱、奉献和责任感的人，往往会追求更高层次的生命意义，努力为他人和社会做出贡献；而那些核心变量是自我和享乐的人，则很可能沉溺于短暂的快乐和满足，忽视了生命更深层次的意义。

核心变量不仅影响我们的外在表现，更深刻地影响着我们的内心世界和人生方向。通过不断反思和调整核心变量，我们可以更好地理解自我，提升自我，从而实现更有意义和价值的人生。正如苏格拉底所说："未经审视的人生不值得一过。"在这个过程中,我们需要保持开放的心态,勇于接受挑战和变化,不断学习和进步。

生活的真谛在于不断地探索和追求,核心变量决定了个体能否对这一过程进行积极的实践。

4. 复利公式：$F=P*(1+i)^n$，掌握核心变量

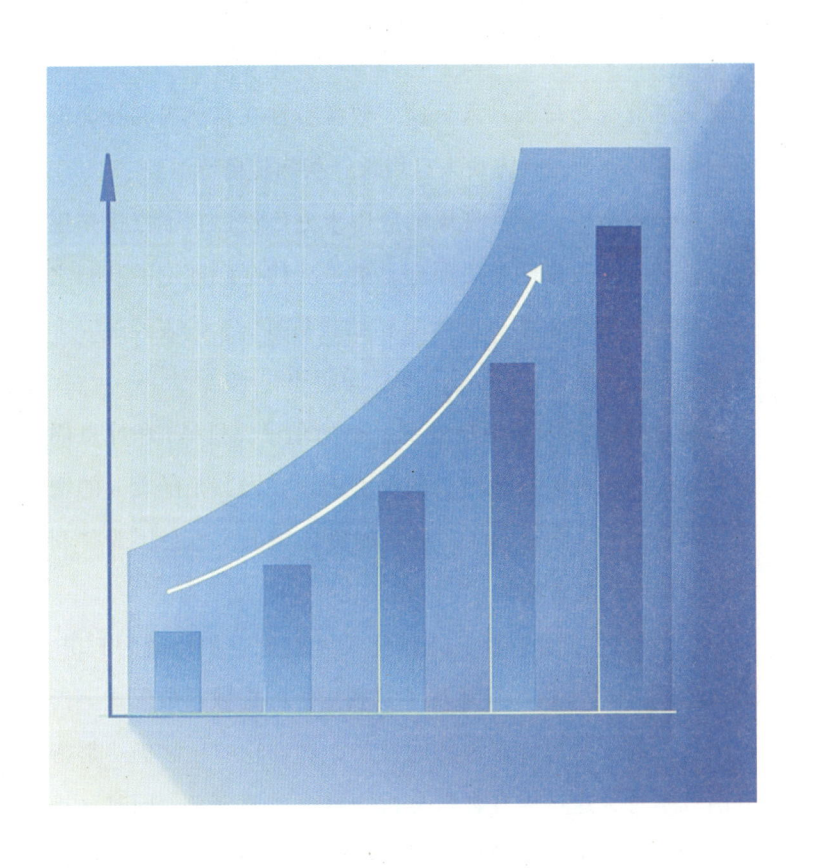

复利公式，实质上是对资本增值过程的一种数学抽象，通过剔除次要因素来对剩余主要因素进行建模，以达到用有限变量来反映客观事实的效果。

在这个过程中，利息不仅仅依附初始本金产生，随着时间的推移，之前赚取的利息也会产生新的利息，即通常所说的"利滚利"。这种现象在数学上被称为"指数增长"，它体现了一个非常重要的数学原理——随着时间的增长，某个量按照某个固定比例不断增长，其增长速度会越来越快，最终呈现出爆炸性的增长结果。这一数学特性在自然界和社会现象中均有所体现，比方说人口增长、疾病传播等。

在经济学中，复利现象的应用十分广泛，它不仅仅是银行存款和资本投资的核心原理，更是现代金融理论的基石之一。复利公式中，本金 P 代表初始投资额，F 代表经过 n 个计息周期后的终值，i 是每个计息周期的利率。

通过公式可以清晰地看到，初始值 P、利率 i 和计息周期数 n 是决定最终资金增长的关键因素。尤其是随着 n 的增大，即使 P 和 i 保持不变，最终的资金增值 F 也会因为"利滚利"的效应显著增加。

从数学的角度来看，复利公式可以进一步化简为 $F=P*(1+i)^n$，这里 $(1+i)^n$ 体现了复利增长的指数函数形式。指数函数在数学中有许多独特的性质，例如它的导数仍然是指数函数本身，这一点在数学分析中具有重要意义。同时，指数函数的增长速度远远超过线性增长，这就解释了为什么在复利计算中，随着时间的推移，资金的增长速度会越来越快。

复利公式深刻揭示了时间价值的概念，即一定量的货币在今天与未来具有不同的价值。由于货币有时间偏好，即现在的一元钱比未来的一元钱更有价值，因此在进行未来价值计算时，必须考虑到货币的时间价值。这一点在投资决策、资产评估、退休规划等多个领域都有着重要的应用。

复利公式不仅仅是一个简单的计算工具，它背后蕴含的数学原理和经济学概念对于理解现代金融体系运作机制至关重要。

4.1 初始值

初始值P的意义不仅仅局限于其在金融和投资中，如果我们从自然选择和生命进化的角度进行深入探讨，或许可以得到许多更加有趣的结论，而这些结论将会更加有助我们深入理解经济。

在自然选择的过程中，生物个体的初始状态，即它们的遗传基础和起始条件，往往对其后续的生存与繁衍起到重要甚至是决定性的作用。正如复利公式中的初始值P，如果一个生物个体在其生命的早期阶段拥有较为优越的遗传基础和生存条件，那么它在未来的生命历程中将可能获得更多的资源和机会，进而繁衍更多的后代，从而在种群中占据更大的比例，获取更有利的遗传生态位。

这种初始值的重要性在进化过程中表现得尤为明显。比方说，某些动物在出生时就具有较强的免疫力或更高的适应性，这些初始优势使得它们在面对环境压力时能够更好地存活下来；而那些缺乏这些初始优势的个体，则很可能在激烈的自然选择中被早早淘汰，更不用提诞下有竞争力的子嗣了。这个过程类似于复利公式中的初始值 P 的作用：初始值越大，经过时间的积累和利率的作用，最终的结果 F 也会更加显著。

初始值 P 的重要性还体现在生命系统的复杂性上。生命系统的进化往往是一个逐步积累复杂性的过程。一个初始条件较好的个体，能够更有效地利用环境资源，从而在其生命过程中积累更多的能量和物质。这些积累不仅提高了其自身的生存和繁衍能力，也为其后代提供了更好的起始条件。这样，初始值 P 在代际传递中被不断放大，其影响也随之逐步扩大。

从另一方面来讲，自然选择和复利公式中的初始值 P 还可以通过基因传递的角度得到解释。基因是生物遗传信息的载体，它们通过繁衍代代相传。在每一代中，具有优越基因的个体更可能生存下来并繁衍后代，这些优越基因的初始值 P 在整个种群中得以扩展和放大，形成一种正反馈机制。正如复利公式中的初始投资在利率的作用下不断增值一样，优越基因在自然选择的过程中也不断积累，推动了物种的进化和适应性提升。

复利公式中的初始值 P 在自然选择和生命进化中扮演了至关重要的角色。它不仅决定了个体在自然选择中的竞争力，还通过基因传递和资源积累的方式影响了整个种群的进化路径。这一过程表明，初始条件的优劣往往在生命演化的长期过程中被放大，从而决定了最终的生存和繁衍结果。

这种对自然选择机制初始条件的深入理解，为我们在经济领域中深刻理解原始积累的重要性提供了全新的视角。

4.2 增长率

复利公式中的增长率 i 同样在自然选择和生命进化中扮演了关键角色，它不仅影响了个体和种群的长期发展，更深刻地塑造了生物的进化轨迹。

在自然选择中，增长率 i 可以被视作生物个体或种群在特定环境下的适应能力和繁殖速率。那些具备较高增长率的个体或种群，往往能够更快速地占据生态位并扩展其种群规模。例如，在资源丰富且竞争压力较小的环境中，具有较高繁殖能力和生长速率的物种能够迅速增加其数量，从而在生态系统中占据优势地位。这种现象在复利公式中表现为利率 i 的增加，导致最终结果 F 的显著增长。

进一步来讲，增长率 i 与环境适应性之间存在密切联系。在动态变化的环境中，能够迅速适应并繁衍的生物个体更可能生存下来，并将其基因传递给后代。这种适应能力的提高可以被视为增长率 i 的提升，意味着个体在面对环境变化时能够更快地调整自身状态，以维持较高的生存和繁殖效率。例如，某些昆虫在面对气候变化时能够迅速调整其生命周期和繁殖模式，从而维持种群的稳定和增长。这种适应性调整类似于调整复利公式中的利率 i，以应对外部条件的变化。

增长率 i 在种群遗传多样性的维持和扩展中也起到了关键作用。在进化过程中，较高的增长率意味着更多的后代数目，从而增加了基因重组和突变的机会，进而提升了种群的遗传多样性。这种多样性是物种长期适应和进化的基础，因为它提供了更多的变异来源，使得种群能够在不同的环境压力下维持生存。正如复利公式中的利率 i 在长期积累中对最终结果 F 的影响一样，增长率的提升在进化过程中能够显著影响种群的基因库和适应性潜力。

从生态系统的角度来看，增长率 i 还影响了物种间的相互关系和生态平衡。不同物种之间的竞争、捕食和共生关系在很大程度上取决于它们各自的增长率。例如，在竞争关系中，增长率较高的物种能够更快速地占据资源，从而压制增长率较低的竞争对手。这种动态平衡类似于复利公式中利率 i 的比较，不同利率条件下的最终结果将决定不同投资方案的优劣。同样，在生态系统中，增长率的差异决定了物种间的竞争结果和生态位分布。

所以说，复利公式中的增长率 i 在自然选择和生命进化中具有深远影响。它不仅决定了个体和种群的繁殖效率和适应能力，也通过影响遗传多样性和生态关系，塑造了生物进化的路径和生态系统的稳定性。拿到经济规律中说，增长率 i 同样是经济发展的核心驱动力之一。自然选择与市场竞争都是通过筛选"最优个体"来推动系统整体的发展。在经济系统中，具备高效生产和创新能力的企业通过市场竞争获得更多资源和市场份额，从而推动整个经济体的增长和发展。

4.3 时间

复利公式中的时间周期 n 同样不容忽视，时间周期 n 代表了生物经历的代际数目或进化时间的长短，这一因素直接影响了适应性特征的积累速度和生物多样性的演变。

时间周期 n 的长度在生物进化过程中决定了遗传变异的积累速度。每经过一个时间周期，生物种群会经历一代繁殖和基因重组的过程。更长的时间周期意味着更多的代际转换，从而增加了基因突变和自然选择的作用时间。通过多个时间周期的积累，种群中的有利变异会逐渐被固定，从而增强种群的适应能力。这一过程类似于复利公式中的时间周期 n，通过不断地积累，最终显著影响了结果 F。

时间周期 n 在生态系统的动态平衡中发挥了重要作用。生态系统中的物种相互作用，如捕食、竞争和共生关系，都在不同的时间尺度上发生变化。较长时间周期的种群演化可能导致生态系统中物种间关系的深刻变化。例如，在捕食者——被捕食者系统中，捕食者和被捕食者的种群数量波动往往需要经过多个时间周期才能达到新的平衡状态。这种动态平衡的建立和维持，与复利公式中通过多个时间周期积累利息以实现增长的过程相似。

时间周期 n 还影响了种群对环境变化的响应速度。在快速变化的环境中，短时间周期的生物种群能够更迅速地适应新的环境条件。例如，细菌和病毒等微生物由于其短时间周期，能够在较短时间内通过快速繁殖和基因突变，产生对抗生素或疫苗的抗性。相比之下，具有较长时间周期的生物如大象或鲸鱼，则需要更多的时间来适应环境变化，因而在面对快速环境变化时更为脆弱。这一现象表明，时间周期 n 的长短直接影响了生物的适应速度和进化潜力。

时间周期 n 还在物种的世代交替和进化路径中起到了关键作用。不同物种的生命周期长度和繁殖周期不同，导致其适应和进化的路径也有所差异。例如，快速繁殖的昆虫和植物在短时间内能够积累大量的基因变异，从而迅速适应环境变化；而长寿命的树木和大型哺乳动物则通过较长的时间周期，逐步积累适应性特征，形成稳定的进化路径。这种差异在复利公式中体现为时间周期 n 对最终结果的显著影响，不同时间周期的选择将决定最终的累积效应。

复利公式中的时间周期 n 在自然选择和生命进化中具有重要意义。它不仅影响了遗传变异的积累速度和适应特征的固定过程，还通过影响生态系统的动态平衡和种群对环境变化的响应速度，深刻地塑造了生物进化的路径和生态系统的稳定性。理解时间周期 n 的作用，有助于我们更全面地认识生物进化的复杂机制。当我们将其类比经济原理，会发现经济周期也有着相似的运行规律，在经济系统中，较长的经济周期允许资本和资源的更充分配置和再分配，从而促进技术创新和产业升级，推动经济的长期增长。

总结提升

这个公式的美妙之处不仅在于它揭示了财富增长的几何级数,更在于它蕴含着丰富的人生哲学智慧。

复利公式的核心在于时间、利率和初始资本的相互作用,这三个元素的关系映射到人生的各个方面,带给我们深刻的启示。

复利公式强调了时间的力量。时间是一切积累的基础,无论是财富、知识,还是经验。就如同复利的效果需要时间来展现其威力一样,人生的发展和成长也需要时间的沉淀和积累。<u>我们常常低估了时间的潜力,急于求成而忽视了长期坚持的重要性。事实上,许多成功并不是一蹴而就的,而是通过日复一日的努力和坚持逐渐积累起来的。</u>时间是最公平的资源,它对每个人都是一样的,而如何利用时间则决定了我们人生的高度。

复利公式中的利率象征着我们的选择和努力。利率的高低直接影响着财富增长的速度,同样,我们在生活中的每一个选择和每一份努力都会累积成最终的人生成果。高利率意味着高回报,但往往伴随着高风险。这提醒我们在人生的道路上,要勇于尝试和探索,不断提高自己的能力和素质,从而增加"利率",提升自我价值;同时,更要懂得风险管理,明智地选择适合自己的道路,避免盲目追求高回报而忽视潜在的风险。

复利公式中的初始资本象征着我们所拥有的资源和起

点。每个人的起点或许不同,有人出生在富裕的家庭,有人则需要依靠自己的努力去改变一生的命运。但正如复利公式所展示的一样,初始资本只是一个基础,更重要的是如何利用它进行持续的积累和增长。无论我们的起点如何,通过明智的选择和不懈的努力,我们都可以实现自身价值的最大化。初始资本的多少并不足以决定我们的未来,关键在于我们如何运用和增值这些资本。

复利公式不仅仅是一个金融工具,它告诉我们:时间是无价的,坚持是必需的,选择是重要的,起点虽然重要但更重要的是过程。我们的人生正如同复利公式中的变量一样,通过不断的积累和增长,最终实现自我价值的最大化。

无论面对什么样的挑战和困难,只要我们能够坚持不懈,明智选择,并充分利用我们的资源,终将迎来属于自己的辉煌。

复利公式不仅仅是一个计算财富增长的工具,更是一个指导我们如何更好地规划和经营自己人生的智慧法则。通过对时间的珍惜,对选择的把握,对资源的合理利用,我们不仅可以在物质上获得丰收,更可以在精神上达到充实与满足。复利公式的深刻意义在于,它不仅展示了财富增长的神奇力量,更启示我们在人生的道路上,如何通过点滴的积累,最终实现人生的辉煌与圆满。

参考文献

1. 保罗·哈尔彭.爱因斯坦的骰子和薛定谔的猫[M].徐彬,陈楠,译.长沙:湖南科学技术出版社,2021。

2. 乔丹·艾伦伯格.几何学的力量[M].胡小锐,钟毅,译.北京:中信出版集团,2023。

3. 乔治·伽莫夫.从一到无穷大:科学中的事实和猜想[M].刘小君,岳夏,译.北京:文化发展出版社有限公司,2019。

4. 刘润.底层逻辑:看清这个世界的底牌[M].北京:机械工业出版社,2021。

第三章 经济篇

1. 经济史就像一部生物进化史

经济史就像一部生物进化史！从单细胞到多细胞，从功能相同的细胞聚集体到器官系统分化，经济也遵循此规律。一个市场诞生后，先是产能迅速扩张，在此过程中众多的企业如同细胞一样，更多考虑生产速度，跑马圈地，扩大市场占有率，导致整个市场产能逐渐过剩。然后细胞开始分化，市场需求倒逼供给侧结构性改革，产能分化，企业转型，更好匹配市场需求。整个过程是一个先做大后做强的过程。

从历史的角度看，经济的发展经历了从简单到复杂的过程，这与生物从单细胞到多细胞、从简单生物到复杂生物的进化历程有着相似之处。在古代，经济活动主要以农业为主，生产方式简单，类似于生物进化的早期阶段。随着时间的推移，工业革命带来了生产方式的巨大变革，经济活动变得更加复杂多样，如同生物在进化过程中逐渐发展出各种复杂的器官和系统。

在现代经济中，创新就如同生物进化中的基因突变。新的技术、产品和商业模式不断涌现，为经济的发展带来了新的动力。就像基因突变可能会给生物带来新的特征和生存优势一样，创新也可能使企业在市场竞争中脱颖而出，推动整个经济的发展。

<u>经济史就像一部生物进化史，资源到资产再到资本是一个渐进的过程，资源侧重于物质属性，资产侧重于使用属性，资本侧重于流动属性。</u>

在自然选择的框架下，资源、资产和资本的演变反映了生命形式如何通过适应环境以提高生存和繁衍的效率。自然

选择本质上是一种资源分配机制，其中资源的获取、使用和流动决定了生物体的适应能力和进化方向。

1.1 资源

资源作为生物进化的基础要素，指的是生物体在其生存环境中利用的各种物质和能量形式。原始生命形式依赖于环境直接提供的资源，如阳光、水和矿物质。这些资源的获取和利用效率决定了生物体的存活概率。例如，植物通过光合作用将阳光转化为化学能，这一过程不仅满足了自身的能量需求，也为其他依赖植物的生物提供了能量基础。在这一阶段，资源的获取和利用主要依赖于生物体的自身结构和机制，如叶绿素的光合作用能力或捕食者的狩猎技巧。

随着生物进化的不断推进，资源的获取和利用方式也逐渐变得复杂和多样化。在自然选择的驱动下，生物体逐渐发展出多种适应策略，以提高其资源利用效率。例如，食物链的形成就是一种资源优化配置的结果，不同生物体通过捕食关系形成一个动态平衡的生态系统。在这一过程中，资源不仅仅是单纯的生存要素，更成为生态系统稳定和物种多样性的关键。

同样的道理也适用于人类社会的发展。人类文明的进步在很大程度上依赖于对自然资源的开发和利用。从原始社会的狩猎采集，到农业革命，再到工业革命，每一次重大社会变革都伴随着资源利用方式的变革。农业革命通过大规模种植和畜牧业的发展，使得人类能够定居并形成早期的社会结构；工业革命则通过机械化生产和能源的利用，极大地提升了生产效率，推动了经济的快速发展。

在现代经济体系中，资源的重要性更加显而易见。能源、矿产、水资源等都是工业和科技发展的基石。能源资源，例如石油和天然气，是现代工业社会的血液，驱动着交通、制造业和发电等各个领域。矿产资源则为建筑、电子和各种高科技产业提供了必需的原材料。水资源不仅是农业灌溉和工业生产的关键，也是人类日常生活不可或缺的部分。

任何事物都具有两面性，资源的有限性和不可再生性也给经济发展带来了巨大的挑战。过度开发和使用资源可能导致资源枯竭和环境恶化，进而威胁到经济的可持续发展。因此，如何实现资源的可持续利用，成为现代经济学和环境科学共同关注的重要课题。通过技术创新和制度设计，提高资源利用效率，减少浪费和污染，是目前许多国家和地区正在探索的方向。

在这个背景下，循环经济和绿色经济的理念应运而生。循环经济强调资源的循环利用，最大限度地减少资源消耗和废物排放，通过废弃物回收再利用，形成一个闭环的经济模式。绿色经济则强调经济发展与环境保护的协调，倡导使用可再生资源和清洁能源，减少对自然资源的依赖。

概括来讲，资源在经济发展中的重要作用不可忽视。从生物进化史中，我们可以看到资源对生物体生存和繁衍的深远影响；而在人类社会的发展过程中，资源同样是经济增长和社会进步的基础。

1.2 资产

随着进化的持续推进，生物体开始将资源转化为资产。资产是指生物体通过特定方式利用资源以提高其生存和繁衍的工具或策略。例如，鸟类筑巢以保护后代，蜜蜂建造蜂巢以储存食物，这些都是将环境中的资源转化为具有特定功能的资产。通过将资源转化为资产，生物体不仅能够更有效地利用环境资源，还能增加其生存和繁衍的成功率。

这一过程类似于经济学中的投资行为，通过将资源投入到特定的用途中，期待获得回报。资产的形成和使用反映了生物体适应环境变化的能力，是自然选择压力下的进步产物。

在生物进化史中，资产的形成和使用不仅反映了生物体适应环境变化的能力，也揭示了资产在生物生存和繁衍中的关键作用。与此相似，经济活动中的资产在国家和个人的经济发展中也扮演着至关重要的角色。

资产的积累和管理是经济增长的基础。在生物界，鸟类筑巢和蜜蜂建造蜂巢是一种对资源的储备和管理，使其在未来能够更好地应对环境变化和生存挑战；同样，在经济中，资产的积累和有效管理是推动经济发展的动力源泉。资产如机器设备、基础设施和技术创新等，是提高生产力和经济效益的关键。通过合理的投资和管理，企业和国家能够在竞争中占据优势，获得更高的经济回报。

资产多样性和创新性是应对环境变化和市场波动的重要策略。在生物进化史中，物种通过不断创新和多样化其资产（如不同类型的巢穴结构、繁殖策略）来提高其适应能力和生存机会。经济中也是如此，企业和国家通过使其资产组合（包括金融资产、实物资产和人力资本）多样化来分散风险，增强应对市场波动和经济不确定性的能力。创新性资产，如知识产权和技术专利，更是现代经济竞争力的核心。

资产的有效利用和优化配置是提升经济效率的关键。在生物界，生物体通过优化资源利用，最大化其资产的效益。例如，植物通过根系结构优化对水分和养分的吸收，提高生存和繁殖成功率。经济中，资源的有效配置和资产的优化利用同样至关重要，以至于经济学被普通认为是一门研究稀缺资源合理配置的学问。通过市场机制和政策调控，资产能够流向最具生产力和效益的领域，实现资产的最优配置，提升整体经济效率和社会福利。

资产的传承和积累是经济可持续发展的重要保障。在生物进化史中，许多生物策略和资产（如遗传信息、行为模式）通过世代传承，累积了对环境的适应能力。同样，经济中的资产也通过代际传承和累积，保障了经济的可持续发展。家庭财富、企业技术和国家基础设施等资产的传承和积累，为未来的发展提供了坚实的物质基础。

生物进化史中资产的形成和使用，为我们理解经济中的资产作用提供了宝贵的启示。无论是在生物界还是经济领域，资产都是提升生存和竞争力的关键要素。通过积累、管理、多样化、优化配置和传承资产，生物体和经济体都能在复杂多变的环境中实现持续发展和繁荣。

未来，深入研究资产在不同领域的作用和机制，将进一步推动我们在各个领域的创新和进步。

1.3 资本

资本的概念在生物进化中也有其对应的现象。资本强调的是资源和资产的流动性及其在生物体内部和种群之间的交换。例如，某些动物种群通过食物分享、合作捕猎或知识传递等方式实现了资源和资产的流动，这不仅提高了个体的生存概率，也增强了种群的整体环境适应能力。社会性昆虫如蚂蚁和蜜蜂，通过复杂的分工和合作机制，实现了资源的高效分配和利用。这样的流动性使得种群能够快速适应环境变化，提高了整体生存能力。

进一步来看，资本的流动性在生物进化中还反映在基因交流和文化传递上。基因流动通过遗传物质的移动、迁徙和交配等方式实现，使得有利的基因在种群中传播，从而提高种群的整体适应能力。文化传递则通过模仿、学习和交流，将有利的生存经验和技能从一代传递到下一代。这种信息和知识的流动，加速了适应性策略的演变，使得生物体能够更快速地应对环境变化。

资源、资产和资本不仅是经济要素，也是生物进化的重要驱动力。资源的获取和利用是生物体生存的基础,资产的形成和使用提高了个体和种群的适应能力,而资本的流动性通过基因和文化的传播,加速了进化过程中的适应性变化。

1.4 生命本身就是最美的负熵

薛定谔作为奥地利著名物理学家,量子力学的奠基人之一,其对生命的思考源于对热力学第二定律的深入研究。在当时的科学背景下,人们对生命的理解还局限于物质层面,而薛定谔敏锐地察觉到生命的独特之处。他提出"生命以负熵为生",意味着生命并非简单的物质组合,而是一种能够对抗熵增的特殊存在。这一观点的提出,不仅在物理学界引起了轰动,也为生物学、哲学等领域带来了新的思考方向。

从经济学角度来看,生命作为负熵的存在,其核心在于资源的最优配置和高效利用。负熵过程中的每一步都是对能量和物质的高效管理,这种管理在经济体系中同样至关重要。

负熵的概念可以与经济学中的"稀缺资源"理论相联系。资源的稀缺性要求经济主体在利用资源时必须进行精细的管理和配置,以实现最大化的效益和最小化的浪费。生命系统通过新陈代谢和自我调节机制,实现了对能量和物质的高效利用,确保生存和繁衍。这种机制类似于市场经济中通过价格信号进行资源配置的过程,价格机制在市场中传递信息,使得资源能够在不同的用途之间进行最优分配。

负熵过程强调系统的有序性和稳定性，这与经济学中的"市场均衡"概念有着异曲同工之妙。市场均衡状态是指在市场上供给与需求相等的状态。生命体通过自我调节和适应环境变化，保持内部的有序性和稳定性，这种有序性和稳定性保证了系统的持续运转和进化能力。类似地，市场经济通过价格机制和竞争机制，实现了市场的自我调节和均衡状态，从而促进经济的持续发展和进步。

负熵过程还可以与"创新和技术进步"联系起来。生命系统通过不断的基因突变和自然选择，推动了生物进化的进程，创造了生物多样性和生态系统的丰富性。经济体系中的创新和技术进步同样是推动经济增长和社会进步的关键因素。企业通过研发新产品和新技术，提高生产效率，降低成本，从而实现竞争优势。政府通过政策支持和制度创新，营造良好的创新环境，促进科技进步和产业升级。这种创新和技术进步的过程，本质上是对资源的重新配置和优化利用，使得经济体系能够不断向更高效、更有序的方向发展。

<u>为什么要追求科技进步？科技进步是人适应环境、改造环境、实现负熵最有力的武器。有了科技进步才能实现突破，就像给鸟插上翅膀，能够开辟一个新的天地。</u>

负熵过程中的"合作与竞争"机制在经济学中也有着重要的体现。生态系统中的物种通过竞争和合作，共同维持系统的平衡与稳定。同样，市场经济中企业之间的竞争和合作，推动了产业结构的优化和市场效率的提升。竞争机制通过优胜劣汰，激励企业提高生产力和创新能力，而合作机制

则通过资源共享和协同效应,实现了资源的最优配置和整体效益的最大化。

从经济学角度对生命作为负熵存在的分析,可以揭示资源配置、市场均衡、创新进步以及竞争合作等经济现象的内在联系。这不仅深化了我们对经济体系运行机制的理解,也为解决现实中的经济问题提供了新的视角和启示。

经济学研究应当更加关注资源的高效利用和系统的有序性,借鉴自然界中的负熵机制,以实现可持续的经济发展和社会福祉的提升。

总结提升

在经济体系中,这个"做大→做强→突破"的过程,正是自然选择和生命进化的明确体现。在自然界中,物种的变异与选择造就了生命形态的多样化;而在经济领域,商业模式的演变与市场的选择促进了产业的适应性。当市场进入分化阶段,企业必须适应环境的变化,这就如同生物为了生存而进化那样,为了不被市场淘汰,必须进行结构调整和技术创新。那些能够提高效率、降低成本、改善产品或服务质量的企业,将会在市场的洗礼中生存下来,而那些停滞不前的企业则将被淘汰。

资源到资产再到资本是一个渐进的过程,资源侧重于物质属性,资产侧重于使用属性,资本侧重于流动属性。

从资源到资产再到资本的转化体现了经济学中一种关于生产要素的理论视角。在这个过程中，不同概念之间的关系和变化突显了各自的经济属性及其对于经济活动的影响。

资源的物质属性强调的是资源的自然形态和固有价值，正是这种形态和价值成为了资源被开发利用的前提。例如，一块未开发的矿产，其内含的有色金属、稀土等元素便是其物质属性的体现。然而，资源仅仅停留在物质属性阶段，其价值是潜在的，需要人类的开发和利用才能转化为实际价值。

当资源被开发并投入使用时，它便转变为资产。资产的使用属性意味着资源不仅仅是物理存在，更是为生产和生活服务的工具。资产的这一属性，使得资源得以在经济活动中发挥作用，从而创造价值。举例来说，矿产资源经过采掘、加工后，变成了工业产品或原材料，这样的转变让原本的资源具备了市场价值，成为能够带来经济收益的资产。

资本不仅仅是固定的物质资产，更是一种动态流动的经济要素。资产的流动属性是资本的核心特征，它通过市场的买卖、交换，实现价值的增值和积累，进而通过各种金融工具和市场机制，实现资产的增值。例如，公司可以通过发行股票的方式将自身的固定资产转换为流动资本，吸引投资以扩大再生产。在资源转化为资本的过程中，科技创新和人力资本的作用不容忽视。科技创新可以提高资源的开发效率，增加资源的附加值，同时也能够创造全新的资源。人力资本的积累，可以提升资源开发和资产管理的水平，更能有效促进资产向资本的转化。这种转化过程中的每一个环节，都离不开科技和人才的支持。

从资源到资产，再从资产到资本的过程，实际上也是价值创造和价值实现的过程。资源的物质属性决定了其作为价值起点的潜力，资产的使用属性体现了价值创造的过程，而资本的流动属性则代表了价值实现和扩张的手段。在这一连串的转化过程中，经济活动得以持续运行和发展，社会财富也随之增长。

另一方面，资源到资本的转化并非自然而然，它需要合理的制度安排和政策支持。市场机制的完善，法律法规的健全，以及公平竞争的市场环境，都是资源高效转化为资本的必要条件。只有在这样的条件下，资源的物质属性才能充分发挥，资产的使用属性才能得到优化配置，资本的流动属性才能在市场中自由运作，从而实现资源价值的最大化。

资源通过其固有的物质属性，转化为具有使用属性的资产，并最终通过资本的流动属性实现价值增值和积累，这一过程是连贯的，每个阶段都有其特定的经济意义和相互作用。在这一过程中，科技、人力资源、制度建设等多种因素相互作用，共同推动了资源转化为资本的过程。这一过程不仅仅是单纯的物质转化，更是价值创造与实现的社会经济活动，是现代经济发展的重要驱动力。

经济发展的过程实际上是一个不断适应和改造环境的过程，是一个由量变到质变的进化过程。在这个过程中，如何高效地将资源转化成资产，进一步转化成资本，是推动经济体适应环境、突破限制的关键。这个过程可能会经历类似自然选择的残酷与生命进化的奇迹，而在这个宏伟的历程中，每一个经济主体都是参与者，都是推动者，也都是见证者。

2. 经济解决的突出问题：需求不能得到完全满足

供需在时间、空间和质量上均可能存在错配。物种通过自然选择和进化来适应其环境，而这种适应过程同样可以在经济行为中找到影子。自然选择推动了生命形式的发展，使得生物体能够更有效地利用资源，从而提高其生存和繁殖的机会。这种机制在经济体系中表现为供需关系的动态调整。

在自然界中，生物的需求和资源的供应经常在时间上不完全吻合。很多动植物依赖于季节性资源。例如，北美的许多鸟类在夏季迁徙到北方以利用丰富的食物资源，但这些资源在冬季不再可用，导致鸟类必须继续迁徙以满足其需求；某些动物的繁殖周期可能与食物供应周期不完全匹配。例如，某些哺乳动物可能会在食物相对短缺的季节生育，这样雌性和幼崽在最需要能量的时候资源却不足。

自然界中的生物资源分布并不均匀，导致需求和供应在空间上经常错配。人类活动导致许多栖息地破碎化，使得动物必须在有限的空间中寻找资源。例如，亚马逊雨林的砍伐使得某些物种不得不在越来越小的区域中生存，这导致了资源需求和供应的空间错配。动物经常需要跨越长距离以找到食物、水和栖息地。例如，非洲的大型食草动物如角马需要进行长距离迁徙以找到季节性草场和水源。

在自然界中，需求的质量和可获得资源的质量也经常不匹配。某些植物在特定季节或环境压力下可能产出低质量的食物。例如，干旱期间，植物的营养价值可能会降低，导致依赖这些植物的动物无法获得足够的营养。栖息地质量的下降（如污染、气候变化）也会导致生物无法获得其需要的高质量栖息地。例如，珊瑚礁的白化现象使得依赖珊瑚礁生态系统生存的物种无法获得所需的高质量栖息地。

从自然进化的视角来看，供需在时间、空间和质量上存在错配是一个普遍现象。这种错配促使物种进行适应和进化，以提高其生存和繁殖的成功率。自然选择过程中的竞争压力、迁徙行为、繁殖策略调整等都是生物应对这些错配的方式。

2.1 在时间上存在错配

供需在时间上的错配，表现为需求在时间上无法得到同步满足，这种现象在资源配置、生产和消费等多个环节中都十分常见。

从资源配置的角度来看，生产者和消费者在时间维度的供需错配常常导致资源的暂时闲置或浪费。例如，农业生产中，作物的收获季节性很强，但消费者的食物需求是全年持续的。为了解决这种错配，社会需要发展储存技术和物流系统，以在时间上调节供需。仓储设施、冷链物流等基础设施的建设，正是为了缓解生产和消费在时间上的不一致。

从生产的角度来说，不同行业的生产周期和产品生命周期与市场需求之间也存在错配现象。例如，制造业中的某些高科技产品从研发到上市需要较长时间，而市场需求可能会在短时间内发生变化。这种时间上的错配要求企业在研发和生产过程中具备高度的灵活性和适应性，以应对市场需求的快速变化。企业需要通过市场调研、数据分析等手段预测未来需求，并调整生产计划和策略，以减少时间错配带来的负面影响。

从消费的角度来看，消费者的需求在时间上也是动态变化的。消费者的生活方式、收入水平、偏好等因素都会随时间变化，导致需求在不同时间点上有所不同。例如，节假日期间的消费需求往往比平时高，商家需要提前备货和增加促销活动，以满足这种短期内激增的需求。这种时间上的需求波动要求企业在供应链管理和库存控制上具备高度的灵活性，以实现供需的平衡。

供需的时间错配还体现在资本流动和投资回报上。投资者和企业在进行投资决策时，往往面临资金需求和回报时间的错配问题。企业在进行大型项目投资时，通常需要大量的初始资本投入，但投资回报可能需要较长时间才能实现。例如，基础设施建设项目通常需要数年甚至数十年才能产生可观的经济效益，这要求投资者具备长期投资的耐心和风险承受能力。为了缓解这种时间错配，金融市场中的各种金融工具和机制，如债券、股票、风险投资等，提供了多样化的融资渠道和投资组合，帮助平衡短期资金需求与长期投资回报之间的矛盾。

从政策和制度的角度来看，政府在制定经济政策时也需要考虑时间上的需求错配。任何政策从制定到实施并产生实际效果都需要经历一定的时间，即存在政策时滞。为了减少时间错配带来的不利影响，政策制定者需要尽可能预见未来的经济形势和需求变化，进行前瞻性的分析和规划，并在政策实施过程中保持灵活性和动态调整的能力。

怀旧经济——花今天的钱圆昨天的梦。

需求与供给在时间上的不完全匹配是促使怀旧经济蓬勃发展的根本原因之一。怀旧经济的核心是通过市场机制捕捉和满足消费者对过去美好时光的情感需求。在现实中，消费者常常面临需求无法完全得到满足的局面，特别是当这些需求涉及情感和记忆时。这种供需的错配在时间上尤为明显，因为过去的经历无法被复制，然而市场却能够通过商品和服务的形式为消费者提供一种替代性满足。

怀旧经济的运作机制可以类比于传统的经济学理论中的"时间错配"概念。消费者对某些特定商品或服务的需求在时间上是不均匀的，这种不均匀性导致了市场出现供需错配的情况。例如，某些怀旧商品在特定时期可能并不存在，但随着时间的推移，这些商品逐渐被市场重新引入。这种重新引入不仅满足了消费者对怀旧的需求，同时也创造了新的经济价值。

在怀旧经济中，企业通过挖掘和重塑过去的经典元素，创造出符合现代消费需求的产品和服务。这一过程不仅仅是简单地复制，而是需要结合现代技术和市场需求进行创新。例如，许多经典的电子游戏被重新制作并引入现代游戏市场，这不仅满足了老玩家的情感需求，也吸引了新一代玩家，从而扩大了市场规模。

怀旧经济还反映了消费者在现代社会中对稳定和安全感

的渴望。在一个充满不确定性的世界中，过去的美好时光成为人们心灵的避风港。通过购买怀旧商品或体验怀旧服务，消费者能够暂时逃离现实的压力，获得心理上的慰藉。这种情感需求的满足不仅提升了消费者的幸福感，也为市场注入了新的活力。

值得注意的是，怀旧经济的成功并不仅仅依赖于消费者的情感需求，还需要企业具备敏锐的市场洞察力和创新能力。企业需要不断挖掘消费者的潜在需求，并通过市场营销和品牌塑造将这些需求转化为消费者实际的消费行为。例如，许多企业通过社交媒体平台与消费者建立情感连接，利用怀旧情感进行品牌传播，从而提升品牌的市场影响力。

怀旧经济的兴起不仅是市场供需关系的体现，更是经济发展过程中时间错配的具体表现。通过满足消费者对于过去美好时光的情感需求，怀旧经济不仅能够实现经济价值的创造，也能够为消费者提供心理上的满足和幸福感。

2.2 在空间上存在错配

供需在空间上存在错配，这意味着商品和服务的供应没有有效地与其需求地点相匹配。

这种错配可能是由于区域资源禀赋和经济发展的不平衡所导致的。发达地区往往集中了更多的资源、技术和人力资本，这使得这些地区能够生产更多的商品和服务，但这些商品和服务的需求却可能在其他地区。

基础设施的不完善也是导致需求错配的一个重要因素。交通、物流和通信等基础设施的不足，使得商品和服务无法迅速且低成本地从一个地区转移到另一个地区。比如，在一些欠发达国家和地区，道路交通系统不够发达，导致商品运输成本高昂，从而影响了商品在不同地区之间的流通和分配。这种基础设施的匮乏不仅影响了经济发展，也加剧了供需的空间错配。

政策和制度因素也会导致供需在空间上的错配。政府的区域发展政策、税收政策和补贴政策等，都可能影响资源的空间分布。有些政府可能会优先发展特定地区，给予这些地区更多的资源和政策优惠，而忽视其他地区的需求，导致资源在空间上的不均衡分布。例如，一些国家可能会为了发展工业，集中资源和政策支持在少数工业城镇，而忽视了广大农村地区的需求，造成城乡之间的供需错配。

市场信息的不对称也是一个重要的原因。消费者和生产者之间的信息不对称，导致生产者无法准确预测和满足不同地区的需求。尤其是在一些欠发达地区，由于信息技术和通信手段的落后，市场信息传递不及时，生产者无法及时了解这些地区的需求变化，从而无法做出迅速的供应调整。这种信息不对称不仅影响了市场效率，也导致了供需在空间上的错配。

全球化进程中的不平衡也加剧了供需的空间错配。全球化带来了资源、资本和技术的跨国流动，但这种流动往往集中在少数发达国家和地区，而广大发展中国家和地区则难以分享到全球化的红利。发达国家和地区成为全球商品和服务的主要供应者,而发展中国家和地区则成为主要的需求者。由于国际贸易和物流成本高昂,这种需求和供应之间的地理错配在全球化背景下变得更加明显。

供需在空间上的错配是一个复杂的经济现象,其背后涉及多个层面的原因,包括区域经济发展不平衡、基础设施不足、政策和制度因素、市场信息不对称以及全球化进程中的不平衡。

要解决这一问题,需要多方面的努力,包括加强区域协调发展、完善基础设施建设、优化政策和制度安排、提高市场信息透明度以及推动全球经济的均衡发展。通过综合施策,可以逐步缓解供需在空间上的错配,促进经济的协调和可持续发展。

比较优势与跨国跨地区贸易。

跨国跨地区贸易的背后,存在一个重要的动因,即需求不能得到完全满足,以及在空间上存在错配。这种需求的未满足和错配推动了贸易的发展,也促使各个国家和地区通过比较优势来优化资源配置和满足需求。

需求的未满足是贸易产生的根本驱动力之一。在任何社会中,资源都是有限的,而人类的需求是无穷无尽的。这种不平衡导致了各个地区在资源获取和需求满足上的差异,进而形成了贸易的基础。比如,一个国家可能拥有丰富的矿产资源,但缺乏农业资源;另一个国家则可能农业资源丰富,但缺乏工业原材料。通过贸易,这些国家能够交换各自的优势资源，从而最大限度地满足彼此的需求。

空间上的错配进一步加剧了这种需求未满足的问题。不同地区拥有不同的自然资源、气候条件和生产技术，这使得某些产品在某些地区更具生产优势，而在其他地区生产则可能成本高昂且效率低下。比如，热带地区适合种植咖啡和可可，而寒带地区则适合捕捞海产品和种植耐寒作物。空间上的错配导致了各地区在生产能力和产品种类上的差异，通过贸易，这些差异得以弥补，从而实现资源的最优配置。

在经济全球化的背景下，跨国跨地区贸易已经成为各国经济发展的重要组成部分。通过发挥各自的比较优势，国家和地区可以专注于生产那些自己最擅长的产品，并通过贸易获取其他所需产品。这不仅提高了生产效率，也促进了全球资源的优化配置和经济增长。例如，中国在制造业上具有显著的比较优势，而美国在科技创新和高附加值服务业上占据优势。通过贸易，中国可以从美国进口高科技产品和服务，美国则可以从中国进口成本较低的制造品，从而实现双赢。

不过需要注意的是，需求未满足和空间错配不是静态的，它们会随着时间的推移和技术的进步不断发生变化。科技的发展和产业结构的调整可能会改变一个国家或地区的比较优势，从而影响贸易格局。例如，能源技术的突破可能使得某些国家摆脱对化石燃料的依赖，转而发展可再生能源，从而改变其在国际贸易中的地位和角色。因此，各国在制定贸易政策时，不仅要考虑现有的比较优势，还要关注未来可能的变化和调整，以保持和提升竞争力。

为了更好地应对需求未满足和空间错配带来的挑战，各国还需要加强基础设施建设和制度创新。完善的交通网络和物流系统可以降低贸易成本，促进资源的流动和分配；健全的法律法规和贸易政策可以提供公平的贸易环境，保护各方的利益。通过这些措施，各国可以更好地发挥比较优势，促进跨国跨地区贸易的发展，实现经济的可持续增长。

经济的起源在于需求不能得到完全满足以及在空间上存在错配，这不仅一定程度上解释了跨区域贸易产生的原因，也为理解和优化跨国跨地区贸易提供了理论支持。通过充分发挥比较优势，改善基础设施和制度环境，各国可以更好地应对经济发展中的挑战，实现资源的最优配置和全球经济的繁荣发展。

2.3 在质量上存在错配

消费者的需求具有多样性和复杂性，不同消费者对同一产品或服务的质量要求往往存在较大差异。然而，生产者在生产过程中为了追求规模效益和降低成本，通常会选择标准化和批量化生产，这就导致了产品和服务的供给质量与消费者的个性化需求之间存在错配。例如，在汽车市场中，高端消费者可能追求的是豪华配置和个性化定制，而普通消费者则更注重经济性和实用性，但生产者在满足这两类需求时往往面临取舍和资源分配的问题，最终难以完全匹配所有消费者的需求。

信息不对称进一步加剧了供需质量的错配。信息不对称是指在市场交易中，买卖双方掌握的信息不对称，导致交易中的一方处于信息劣势。例如，在教育市场中，学生和家长对教育机构的教学质量、师资力量等信息了解有限，而教育机构可能会夸大宣传或隐瞒真实情况，导致学生和家长在选择教育机构时难以做出最优决策，从而出现教育服务质量与需求质量的错配现象。

技术进步和市场创新也会在一定程度上导致供需质量错配。技术进步使得新产品和新服务不断涌现，但消费者对新技术和新产品的接受度和适应能力存在差异。有些消费者可能无法及时了解和掌握新技术，导致他们的需求与市场上新产品的供给质量不匹配。例如，智能家居产品的普及过程中，年轻消费者可能更容易接受和使用这些新产品，而老年消费者则可能由于对新技术的不熟悉而对这些产品产生抵触情绪，导致供需质量错配。

供需在质量上存在错配是导致市场失灵的重要原因之一。解决这一问题不仅需要生产者在生产过程中灵活应对，提供多样化和高质量的产品和服务，还需要市场中介机构和政府共同努力，改善市场信息环境，促进市场的健康发展。通过多方协作，才能更好地满足消费者的需求，提高市场运行的效率，推动经济的持续发展。

农村市场长期以来存在着一个显著的问题，即需求不能得到完全满足，而且在质量上存在错配。这种错配主要表现在两个方面：其一，农村消费者对于商品的需求时效性得不到有效满足。其二，农村市场上流通的商品质量参差不齐，无法真正满足消费者的期望。

从需求角度来看，农村消费者对生活品质的追求与城市消费者没有本质上的区别，甚至在某些方面更为迫切。随着农村居民收入水平的提高，他们对于商品的需求日益增强。然而，由于物流、信息不对称等原因，很多农村消费者无法方便地获取到各种各样的商品。这种需求的未被满足不仅限制了农村消费市场的发展，还导致了农村居民生活质量的提升步伐缓慢。

从供给角度来看，农村市场上的商品质量参差不齐，劣质商品充斥市场，严重影响了消费者的购买体验和信任度。很多农村地区由于信息闭塞，消费者难以辨别商品的优劣，往往会购买到低质量的商品。这种情况不仅损害了消费者的利益，也阻碍了农村市场的健康发展。

需求不能得到完全满足以及质量上的错配问题，不仅仅是农村市场所面临的挑战，也是很多其他市场的普遍问题。拼多多在农村市场的成功经验，为解决这些问题提供了有益的启示。通过深入了解市场需求，提升商品质量，打破信息壁垒，促进生态建设，我们可以更好地满足消费者的需求，实现市场的健康、可持续发展。

2.4 供需关系而非成本对价格的影响更大

供需关系对价格的影响更大这一观点在自然选择和生命

进化过程中得到了进一步的证实。自然界中的资源分配和生物竞争现象为这一经济学原理提供了生动的例证。

在自然选择过程中,资源的稀缺性和可获得性直接影响了生物的生存和繁衍。以食物为例,食物资源的供给量决定了其在生态系统中的"价格"。当食物资源丰富时,竞争压力较小,个体或物种能够以较低的"成本"获取足够的营养;然而,当食物资源稀缺时,生物之间的竞争加剧,获取食物的"价格"随之上升,只有最适应环境的个体才能获得生存机会。这一过程与市场经济中的供需关系极大影响价格的机制如出一辙。

观察动物行为也能发现供需关系对其影响。比如,某些雄性动物在繁殖季节会通过展示自己的强壮和资源获取能力来吸引雌性。雌性对雄性的"需求"使得雄性个体之间展开激烈竞争,这种竞争不仅体现在体力和智力上,还体现在对资源的掌控上。那些能够提供更多资源的雄性,其"价格"自然更高,更容易赢得雌性的青睐。这一现象表明,在自然界中,供需关系不仅影响了资源的分配,还极大影响了个体在繁殖中的成功率。

进化生物学还揭示了供需关系如何驱动物种的进化和适应。某些物种为了在特定的生态位上占据优势地位,会演化出特殊的适应性特征。例如,达尔文雀在不同岛屿上演化出不同的喙型,以适应各自岛屿上的食物资源。这些不同的喙型使得它们能够高效地获取各自岛屿上特定的食物,减少了与其他物种的竞争压力。这种演化过程实际上是自然选择对供需关系的一种回应，通过适应环境中的资源供给情况，物种得以在竞争中占据优势地位。

从宏观角度来看，整个生态系统的稳定性也受到供需关系的影响。生态系统中的各个生物组成部分通过复杂的食物链和食物网相互联系，任何一个环节的资源供需变化都会引起连锁反应。比方说，顶级捕食者数量的减少会导致其猎物数量的激增，这种变化进而影响到猎物所依赖的植物资源的供需关系，最终可能导致整个生态系统"价格"的失衡。因此，自然界中的供需关系不仅影响了个体的生存和繁衍，还对生态系统的整体稳定性起到了关键作用。

供需关系在自然界中无处不在，极大影响了资源的分配和生物的适应性特征。正如市场经济中供需关系在极大程度上影响价格一样，自然界中的供需关系也通过竞争和适应机制影响着生物的生存和进化，而这种生存和进化带来的生态位层面上的涨落起伏，恰恰决定了物种在生态系统中"价格"的变化。通过对自然界中供需关系的深入研究，我们不仅能够更好地理解生物进化的驱动力，还能为经济学中的供需理论提供新的视角和启示。

总结提升

经济活动不仅是为了满足人类的基本需求，更是人类追求美好生活和实现自我价值的重要手段。通过经济活动，人类不仅解决了生存问题，还创造了丰富的文化和社会财富。

经济活动要通过各种方式克服需求和资源之间的错配，实现资源的最优配置和利用。

现实中，供需在时间、空间和质量上均可能存在错配。这种错配是人类社会进步的动力，促使人们不断探索、创新和发展，以实现更高的生活品质和社会进步。这不仅在经济学领域有理论和现实意义，而且对于人生哲学也具有启发意义。

3. 经济循环三环节：生产、分配、使用

生产—分配—使用，这三个环节构成一个完整的经济循环。经济的一切都可以类比生物进化，物竞天择，适者生存。贯穿全过程的动力来源是需求，传递的是商品和服务。

商品类比物质能量，需求类比环境，生产类比消化吸收，分配类比物质能量传递，使用类比三磷酸腺苷（ATP）生产使用或者糖原脂肪积累。在此过程中，任何一个环节的效率提升都会带来整个经济体的增长。使用分为再生产性使用和消耗性使用。每一个环节的最优配置都会实现财富增值。

在自然选择的理论框架下，生产、分配和使用的过程类似于生物体内部物质能量的循环，而在经济体系中，这一循环的效率和优化直接关系到整个经济的生长和进化。生产相当于生物体的能量获取和物质合成过程，此过程的高效运作，决定了经济体的能量来源，即商品和服务的质与量。分配则如同生物体内物质能量的分配和输送，其公正性和效率决定了社会各阶层、区域间的平衡与和谐，进而影响社会整体的稳定与发展。使用则是经济活动的最终表现，其合理与否关系到经济可持续发展的可能性。

在自然界中，生物体通过优化能量使用方式来提高生存效率。同样，经济体通过两种不同的使用模式来实现增长。

推动经济增长的两种模式：再生产性使用推动物资本位制，消耗性使用建立债务驱动型。

再生产性使用强调的是循环再利用和自给自足，类似于生物体内的能量循环，它促使经济体朝着物资本位制方向发展，强调物资的有效流转和再生产的持续性，这一过程强化了经济体的自我维持能力，最终促进财富的积累和社会的稳健增长。然而，这一模式的局限性在于其往往依赖于资本的积累和对技术进步的要求，一旦这些条件不具备，经济增长可能就会停滞。

与之相对的消耗性使用则倾向于债务驱动型的发展模式，这在一定程度上类似于生物体借助于外源性能量（如食物）来满足增长的需求。这种模式通过借贷和信贷来刺激消费和投资，短期内可以有效促进经济繁荣；但是，长期而言，可能会导致资源的过度消耗和债务的累积，从而引发经济体系的不平衡和衰退。正如物种如果过度消耗其生态环境中的资源，最终会导致资源枯竭甚至该物种的灭绝。

在经济学中，对于如何实现经济体的最优配置有着广泛的讨论。从生物进化的角度来看，最优配置应当是一种动态平衡的状态，其中资源的分配和使用既能满足当下的需求，又能预见并适应未来环境的变化。这要求经济体不断地通过技术创新和制度创新来提高效率，如同生物体不断地通过基因变异和自然选择来适应环境的变化。同时，经济体内部的多样性也是其适应性的关键，正如生物多样性对于整个生态系统的重要性。<u>经济体的增长和进化不仅仅是量的扩张，更是质的提升和结构的优化。</u>

总结而言，经济运行过程中的生产、分配和使用，其优化和进化的路径应当借鉴自然选择和生命进化的原则，即通过动态平衡、多样性保护和不断创新来实现经济体的长期健康发展。在此基础上，理解和应用这些原则，将有助于我们构建一个更加稳定、公平、可持续的经济系统。

3.1 生产

生产在经济运行中占据着重要的地位，是经济活动的基础。生产的效率和质量直接决定了经济的整体运行状况。供给侧结构性改革作为提升生产力的重要手段，其核心在于从生产端入手，通过优化资源配置、提升生产效率来推动经济增长。供给侧结构性改革强调创新驱动和技术进步，意在通过改革生产方式，提升产品和服务的质量，满足市场需求，从而促进经济的可持续发展。

通过供给侧结构性改革，企业可以在技术创新和管理提升方面做出重大改进。例如，制造业企业可以通过引入智能制造技术，实现生产过程的自动化和信息化，从而大幅度提升生产效率和产品质量。与此同时，供给侧结构性改革还注重优化产业结构，推动传统产业的转型升级，鼓励新兴产业的发展。这一系列措施不仅能提高生产力，还能带动整体经济结构的优化，使经济运行更加稳健。

新质生产力的出现是生产领域的又一重要变革。新质生产力主要指的是以信息技术、生物技术、新材料技术等为代表的新型生产力。这些新质生产力的应用，不仅改变了传统的生产方式，还促进了生产效率的显著提升。例如，人工智能技术的应用，可以实现生产过程中的智能化管理和控制，大幅度降低生产成本，提高生产效率。此外，新质生产力还推动了产业链的延伸和优化，使得生产活动更加精细化、专业化。

新质生产力的应用不仅体现在生产环节，还对分配和使用环节产生了深远影响。在分配环节，新质生产力不仅可以提高物流等商品流通环节的效率，更在供给与需求端架起了点对点式的链接。在使用环节，新质生产力提升了产品和服务的质量，使得消费者能够获得更高质量的消费体验，从而提高了整体社会的生活水平。

生产作为经济运行的起点，其效率和质量直接关系到经济的整体运行状况。无论是通过供给侧结构性改革，还是通过新质生产力的发展，提升生产力都是推动经济持续健康发展的关键。

通过不断优化生产方式，提升生产效率和产品质量，才能实现经济的高质量发展，满足市场需求，促进社会的全面进步。

3.2 分配

作为经济运行的三大环节之一，分配在整个经济体系中起着至关重要的作用。分配不仅是生产成果在社会成员之间的分割，更是影响经济效率和社会公平的关键因素。通过合理的分配机制，资源和财富可以在不同经济主体之间实现优化配置,从而促进经济增长和社会和谐。

在经济全球化背景下,分配的重要性尤为突出。经济全球化使得各国经济联系更加紧密,资源、资本、技术和劳动力的跨国流动加速,带来了巨大的经济效益。然而,全球化也带来了分配不均的问题。一方面,发达国家凭借先进的技术和资本优势,在全球分配体系中占据主导地位,获取了大量利润;另一方面,发展中国家则由于技术和资本的劣势,在全球分配中处于劣势地位。这样的分配格局不仅加剧了全球贫富差距,还容易引发地缘冲突、社会不稳定和政治风险。

为了实现更加公平和合理的全球分配,国际社会需要在政策层面进行协调和合作。例如,通过国际贸易规则的制定和完善,确保各国在全球贸易中获得公平的竞争机会;通过国际金融机制的改革,促进资金在全球范围内的合理流动和配置;通过国际技术合作和援助,帮助发展中国家提升技术水平和生产能力,从而增强其在全球分配中的地位。只有在全球层面上实现分配的公平和合理,才能真正实现经济全球化的可持续发展。

现代物流作为连接生产和消费的重要环节,其分配功能是在经济运行环节中的具象化体现。现代物流不仅仅是商品的运输和存储,更是资源的优化配置和高效利用。通过科学合理的物流分配,可以大幅度降低企业的生产成本和库存成本,提高商品的流通效率和市场反应速度,从而增强企业的竞争力。

以电子商务为例，现代物流的快速发展极大地推动了电子商务的繁荣。通过先进的物流分配系统，电子商务平台能够实现商品的快速配送和高效管理，为消费者提供便捷的购物体验。然而，物流分配的不均衡也可能带来一系列问题。例如，物流基础设施的不完善和资源的分布不均，可能导致某些地区的物流成本高企，影响商品的流通和消费。因此，政府和企业仍然需要共同努力，完善物流基础设施建设，优化资源配置，促进物流分配的公平和高效。

分配在经济运行中的重要性不言而喻。无论是在经济全球化的宏观背景下，还是在现代物流的发展过程中，分配都起着至关重要的作用。通过合理的分配机制，能够实现资源的优化配置，提高经济效率，促进社会公平，推动经济的可持续发展。只有充分认识和重视分配的重要作用，才能在复杂多变的经济环境中，实现更高质量的发展目标。

3.3 使用

使用，是指将生产出来的产品和服务进行合理的消费和利用，以满足人类社会的各种需求。进入使用阶段，我们最需要关注的是使用效益，按照字面意思，有效又有益。

合理地使用不仅能提高资源的利用效率，还能促进经济的可持续发展。以节约型社会为例，强调通过合理使用资源来减少浪费，降低成本，从而提高生产效率和经济效益。在这种社会中，资源的使用不仅仅是为了满足眼前的需求，更是为了未来的可持续发展。通过推广节约意识，鼓励公众在日常生活中减少不必要的消耗，优化资源配置，能够有效减少资源的浪费，提高整体经济的运行效率。

举例来讲，在节约用水方面，通过推广节水器具、改进灌溉技术和提高水资源管理水平，可以大幅减少水资源的浪费，从而降低生产成本，提高农业和工业的生产效率。同时，节约用水还可以减轻对环境的压力，保护生态系统的平衡，促进经济的可持续发展。

同样，在能源使用方面，通过推广节能技术、提高能源利用效率和发展可再生能源，可以减少对化石能源的依赖，降低能源成本，提高经济运行的稳定性和可持续性。节约能源不仅能够降低生产成本，还能减少环境污染，改善空气质量，提升居民的生活质量。

"过紧日子"则是从另一个角度强调科学使用的重要作用。在这种观念下，政府、企业和个人都需要树立节约意识，合理规划和使用资源，以应对各种不确定的经济环境和风险。通过过紧日子，可以有效降低不必要的开支，减少浪费，从而提高资源的使用效率和经济效益。

在政府层面，实施过紧日子的政策可以有效控制财政支出，优化资源配置，提高政府公共服务的质量和效率。例如，通过合理安排财政预算，减少不必要的行政开支，优化公共投资结构，可以提高公共资金的使用效率，增强政府应对经济风险的能力；在企业层面，通过精细化管理和成本控制，可以提高企业的市场竞争力和盈利能力。例如，通过优化生产流程，减少原材料的浪费，提高产品质量，可以降低生产成本，提升企业的经济效益；在个人层面，通过树立节俭意识，合理安排家庭开支，可以提高生活质量和经济稳定性。例如，通过合理规划家庭预算，减少不必要的消费，储备应急资金，可以增强家庭应对经济波动的能力，提高生活的安全感和幸福感。

无论是节约型社会还是过紧日子，都强调合理使用资源的重要性。通过提高资源的使用效率，减少浪费，可以有效促进经济的可持续发展，提高社会的整体福祉。在当前经济全球化和资源环境压力不断加大的背景下，树立合理使用资源的观念，推行节约型发展模式，对于实现经济高质量发展具有重要意义。

总结提升

经济循环是一个动态的过程，生产创造出商品和服务，分配决定了这些成果在不同主体之间的分配方式，而使用则是经济活动的最终目的和动力源泉。这三个环节相互依存、相互促进，共同构成了经济发展的基石。

生产环节是价值创造的基础。企业通过技术创新和劳动分工，提高生产效率，推动社会财富的增长。然而，随着科技的迅猛发展，生产效率的提高对劳动的价值造成了直接冲击。自动化和人工智能的引入，使得许多传统行业的劳动者面临失业的风险，这不仅是个体经济状况的变化，也引发了社会结构的深刻调整。

在分配环节，收入的分配方式和结构直接影响到资源的有效配置。当生产效率的提高未能带来相应的收入增长时，社会财富的分配不均问题愈加突出。富人与穷人之间的差距加大，社会阶层的固化现象日益明显。资本的积累往往集中在少数人手中，而劳动者的收入却未能得到相应的提升，这使得社会的整体消费能力受到制约。尤其是在科技快速发展的背景下，资本与劳动的关系日益紧张，导致了社会的不满和动荡。

在使用环节，消费者对商品和服务的需求变化同样影响着经济的运行。随着消费观念的转变，消费者更倾向于选择高效、便捷的科技产品，而传统产品的市场需求则逐渐减弱。这种消费趋势的变化，促使企业在产品设计和市场策略上进行调整，以适应新的消费需求。然而，当科技产品成为主流消费时，如何保障普通劳动者的生存与发展，成为经济运行中必须面对的挑战。

经济的循环往复在于这三个环节的有机结合。当生产环节的创新促进了分配的合理化，使用环节的需求又反过来推动生产的进一步发展时，整个经济体系才能实现良性循环。

在经济运行的系统中，生产、分配和使用这三个环节是相互依存、相互制约的动态过程。系统论认为，任何一个环节的变化都会通过反馈机制影响其他环节，进而影响整个经济系统的运行状态。

生产环节是整个经济系统的起点。生产活动通过要素投入（如劳动力、资本、土地和技术）转化为各类商品和服务，这些商品和服务是经济系统中其他环节的基础。生产环节不仅受到内部生产效率的影响，还受到外部环境和政策的制约。生产效率的提高通常会带来产出的增加，而资源的短缺或生产技术的落后会限制生产能力，从而引发一系列连锁反应。

分配环节是连接生产和使用的桥梁。分配不仅决定了各生产要素的报酬，还影响了不同社会群体的收入水平和消费能力。在分配过程中，如果资源和财富分配相对公平，能够激励各类生产要素积极参与经济活动，进而促进生产环节的良性循环。然而，分配的失衡则可能导致社会矛盾和经济不稳定，形成负反馈回路，对生产和使用环节产生不利影响。分配的公平性和效率性在很大程度上依赖于制度设计和政策导向，因此政策调整可以通过分配机制调节整个经济系统的运行状态。

使用环节是经济活动的最终目的。使用环节包括消费和投资行为，这些行为直接决定了商品和服务的需求水平，进而影响生产的规模和方向。消费需求的增加通常会刺激生产扩张，形成正反馈回路，促进经济增长；然而，过度消费和不合理投资则可能导致资源浪费和经济泡沫，最终对经济系统产生负反馈效应。不仅如此，使用环节还会通过市场信号反馈给生产和分配环节，指导资源的重新配置和利用效率的提升。

三者之间的因果循环和反馈机制是经济系统运行的核

心。在正反馈回路中,生产的增加带来收入的提升,进一步促进消费和投资,形成经济增长的良性循环;而在负反馈回路中,生产过剩或资源匮乏可能导致收入下降,抑制消费和投资,最终引发经济衰退。系统论强调,这种动态平衡是经济系统自我调节和适应外部变化的基础。

如果其中任一环节出现失衡,便会导致经济运行的低效和不稳定。为此,政府在此过程中扮演着至关重要的角色。政策作为外部干预手段,可以通过调节生产、分配和使用环节,实现经济系统的优化运行。例如,通过科技创新和产业政策提升生产效率,通过税收和转移支付政策促进收入分配公平,通过消费信贷和投资激励政策促进需求增长。这些政策工具的有效运用,有助于打破负反馈回路,实现经济系统的良性循环。

未来经济的运行模式也需要重新审视。随着数字经济和共享经济的崛起,传统的生产、分配和使用方式面临重构。数据作为新型的生产要素,其在经济运行中的作用愈加显著。数据的有效利用不仅能提升生产效率,还能优化资源配置,提高分配的公平性。企业和个体在数据驱动的经济中,如何获取价值和参与分配,将是未来经济研究的重要课题。

经济的运行不仅仅是物质财富的积累,更是社会关系的复杂交织。生产、分配与使用三个环节的相互作用,决定了经济的健康发展。唯有在保持生产力提升的同时,确保分配的公平和使用的合理,才能构建一个和谐、可持续的经济体系。

4. 消费者对啥有信心，啥就值钱

消费者对啥有信心，啥就值钱。生物进化论的核心在于，适者生存，不适者淘汰。这一原则同样适用于产品和服务在市场上的竞争。当消费者对某一产品或服务有信心时，意味着该产品或服务在适应市场的演化中处于有利位置，能够得到更多的资源分配，从而在市场竞争中存活下来，甚至获得进一步发展；反之，若消费者对某个产品或服务缺乏信心，那么不论其本身的质量如何，最终都可能面临市场的淘汰。

在自然界中，生物的进化是通过基因的变异和自然选择来实现的；而在市场经济中，产品和服务的进化则是通过创新和消费者选择来实现的。

当一个产品或服务能够不断地进行自我创新，满足消费者日益复杂多变的需求，它就能够持久地维持对消费者的吸引力，从而在市场竞争中保持优势地位。这种优势往往能够转化为品牌信任，品牌信任又能够吸引更多的消费者，形成良性循环。因此，产品和服务的创新能力，以及企业树立和维护品牌信任的能力，成为它们能否在市场竞争中生存与发展的关键。

从生命进化的视角来看，环境的变化是推动生物进化的驱动力；同样地，市场环境的变化也是推动产品和服务进化的关键因素。在不断变化的市场环境中，只有那些能够快速适应市场变化的产品和服务才能够得到生存和发展。这就要求企业必须具备敏锐的市场洞察力，能够及时捕捉市场动态和消费者需求的变化，并迅速做出反应，调整产品和服务以适应市场。

正如生物进化中的共生现象，市场上的产品和服务也经常通过相互合作来提升自身的竞争力。通过技术联盟、品牌合作或产业链整合等方式，不同产品和服务能够相互补充优势，共同应对市场的挑战。例如，智能手机的发展就离不开上下游供应链的紧密合作，以及与软件开发者的共生关系。这种合作共生关系，使得整个生态系统更加强大，更能适应市场环境的变化。

在市场经济中，消费者的信心是产品和服务生存和发展的基石。如同自然选择和生命进化过程一样，市场竞争促使产品和服务不断进化，以不断适应市场新的变化。企业需要不断创新，建立和维护品牌信任，并且与市场环境及其他产品和服务形成良性互动，以确保在激烈的市场竞争中立于不败之地。

4.1 商家需要做好的一件重要事情：让基数最大的客户群体开心

自然选择的基本原理是，具有适应性特征的个体能够更好地在环境中生存和繁殖，从而使这些特征在后代中得以传递和扩展。如同自然选择生物行为一样，商家让基数最大的客户群体开心的策略可以视为一种适应性行为，这种行为有助于商家在市场环境中更好地生存和繁荣。通过满足最大客户群体的需求，商家可以获得更多的市场份额和忠实客户，从而在竞争激烈的市场中占据优势地位。

从生命进化的角度来看,商家与客户之间的关系可以类比为共生关系。在自然界中,共生关系是指两种不同的生物通过互惠互利的方式共同生活和进化。商家通过提供优质的产品和服务来满足客户需求,客户则通过购买和使用这些产品和服务来支持商家的生存和发展。这种互利的关系有助于双方在市场和环境中更好地适应和进化。

进一步深入讨论这一观点,我们可以看到,客户需求的多样性和动态变化类似于自然环境的多变性。商家需要具备敏锐的市场嗅觉和灵活的应变能力,才能及时察觉和响应客户需求的变化。这类似于生物体在复杂环境中通过自然选择不断优化自身特征的过程。那些能够迅速调整产品和服务以满足客户需求的商家,往往能够在市场竞争中脱颖而出,获得更长久的生存和发展空间。

此外,从进化生物学的角度来看,商家在满足最大客户群体需求的同时,也需要关注多样性和创新性。在自然界中,物种的多样性和基因的多样性是生物进化的重要驱动力。同样,商家需要不断创新和引入多样化的产品和服务,以应对不断变化的市场需求和竞争压力。通过创新,商家不仅可以吸引新的客户群体,还可以增强自身的竞争力和抗风险能力,从而在市场环境中实现可持续发展。

商家与客户之间的关系还可以从生态系统的角度进行分析。在一个健康的生态系统中,各种生物之间相互依存、共同进化,形成一个动态平衡的整体。类似地,商家与客户、供应商、合作伙伴等多方之间的关系也应当是互惠互利、共同发展的。这种生态系统的平衡和健康发展，有助于商家在市场中建立稳固的地位和长远的竞争优势。

简而言之，<u>商家通过满足最大客户群体的需求，无异于抓住了主要矛盾和矛盾的主要方面，这样才可以在市场环境中获得竞争优势和长久发展。</u>

4.2 信用社会信心比黄金更重要

社会信心在货币体系的稳定和价值认同中起到了至关重要的作用，而自然选择和生命进化的角度可以为这一现象提供一种独特的观察和理解视角。

自然选择理论强调个体在其生存环境中适应能力的提升，而这种适应能力不仅局限于生物体的生理特征，还包括其在社会环境中的心理状态和行为模式。同样，货币作为一种社会信用的体现，其价值也在于社会成员对其的普遍认同和共同信心。

在生物进化过程中，个体的生存和繁衍离不开群体的支持和个体间的相互合作。群体内部的信任和合作关系直接影响到个体的生存概率和群体的整体繁荣。与之相类似的，<u>货币的价值并非源自其本身的物质属性，而是来自社会共同体对其购买力和稳定性的信任，这种共同信任一致性才是货币价值的根基。</u>

生命进化中的适应性策略也揭示了信任和价值认同在社

会稳定和发展的关键作用。在一个充满竞争和不确定性的环境中，个体和群体需要通过合作和互信来降低生存风险和提高资源利用效率。人类对信任的需求和对价值的认同是一种适应性行为。在复杂的社会环境中，个体需要依靠某种稳定的价值衡量标准来进行资源分配和交换。货币作为一种普遍接受的价值符号，恰好满足了这一需求。

以历史上红色政权成功发行货币为例。20世纪30年代，中国共产党在江西中央苏区成立中华苏维埃共和国，发行了自己的货币。红色政权通过一系列的政治和经济措施，如土地改革、工农业生产的恢复和发展，逐步增强了社会成员对其倍加信任。这种信任不仅体现在对政治权力的认同上，也体现在对货币的认同上。当社会成员普遍相信货币具有稳定的购买力时，货币的价值就得以确立和维持。

从自然选择和生命进化的角度来看，"消费者对啥有信心，啥就值钱"这一观点揭示了信任在社会经济体系中的核心作用。信任不仅是货币价值的基础，更是社会稳定和繁荣的关键。信心的建立和维持不仅仅是一个心理过程，更是一个社会和文化的构建过程。

这一过程不仅仅是一个政治和经济现象，更是一个深刻的社会和文化规律，反映了人类社会在信任和价值认同上的共同需求和适应性策略。

4.3 物以稀为贵

财富是需要载体的，可以人为迅速扩大存量的东西长期看都没法储存价值。

稀缺性本身也是一种进化的产物。物种在适应环境的过程中，往往会对稀缺资源产生强烈的竞争和占有欲，这种竞争机制不仅体现在物质财富的积累上，更体现在基因的传递和繁衍上。自然界中的各种生物，为了在资源有限的环境中生存和繁衍后代，形成了复杂的竞争和合作关系，最终导致了物种的多样性和生态系统的稳定性。

自然选择的核心在于生存和繁衍，只有适应环境的个体才能将其基因传给下一代。在这个过程中，稀缺资源如食物、水源、栖息地等成为决定性因素。那些能够高效利用和获取稀缺资源的个体，往往拥有更高的生存率和繁衍成功率；反之，那些无法适应资源竞争的个体，则会被淘汰出局。这种资源争夺战不仅限于个体层面，还扩展到物种和群体层面，形成了复杂的生态网络。

在经济学中，财富的积累和保值同样遵循着类似的自然选择机制。可以人为迅速扩大存量的东西，往往缺乏稀缺性，难以在长时间内保持价值。例如，纸币的发行量可以迅速增加，其价值在长期内难以保持稳定；而黄金、房地产（核心地段）等稀缺资源，由于其存量有限，难以迅速扩大，因此在长期内更能够储存和保值。

生命进化过程中，不同物种之间也会形成类似的价值储存机制。例如，有些动物会在食物丰富的季节储存食物，以备不时之需。松鼠在秋天会储存坚果，蜜蜂会在夏天生产蜂蜜，这些行为都是为了应对资源的季节性变化和稀缺性。这种储存行为不仅是对资源的保值，更是对未来生存环境不确定性的应对策略。

此外，物种的进化还体现了对稀缺性资源的高度依赖和敏感。某些物种为了获取特定的稀缺资源，甚至会进化出特殊的生理结构和行为模式。例如，长颈鹿为了获取高处的树叶，进化出了长颈；仙人掌为了储存水分，进化出了厚厚的叶片和根系。这些进化特征不仅是对稀缺资源的适应，更是对生存环境的高度优化。

在人类社会中，财富的积累和传承也表现出类似的进化特征。财富不仅仅是物质的积累，更是智慧、知识和技能的传承。通过教育、文化和科技的发展，人类得以不断优化和提升自身的竞争力，适应不断变化的社会环境和经济形势。这种对稀缺资源的高度重视和优化利用，使得人类在自然选择的过程中，逐渐占据了主导地位。

从自然选择和生命进化的角度看，稀缺性不仅是影响财富价值的重要因素，更是生命进化过程中不可或缺的驱动力。物种为了生存和繁衍，对稀缺资源的竞争和利用，形成了复杂的生态系统和进化机制。同样，人类社会对稀缺资源的重视和优化利用，使得财富得以长期保值和传承。这种对稀缺性的理解和利用，是自然选择和生命进化的重要体现。

总结提升

信心不仅关乎经济价值，还涉及生活的目的和意义。人们对生活、对未来有信心，才会积极追求目标，实现个人和社会的进步；信心是幸福的重要组成部分。心理学研究表明，有信心的人更容易感到幸福和满足。一个充满信心的社会，个体幸福感和社会凝聚力都会更强。

"消费者对啥有信心，啥就值钱"不仅揭示了信心与经济价值之间的直接关系，也反映了信心在社会和人生中的深远影响。信心是推动经济和社会发展的重要力量，也是个人追求幸福和意义的重要基础。在这一过程中，信心不仅塑造了市场价值，还构建了社会信任和制度信任，促进了个人和社会的共同进步。

参考文献

1. 埃尔温·薛定谔. 生命是什么［M］. 周程，胡万亨，译. 北京：北京大学出版社，2021。

2. 卡尔·门格尔. 国民经济学原理［M］. 刘絜敖，译. 上海：上海世纪出版集团，格致出版社，2013。

3. 德内拉·梅多斯. 系统之美：决策者的系统思考［M］. 邱昭良，译. 杭州：浙江人民出版社，2012。

4. 宋鸿兵. 货币战争3：金融高边疆［M］. 北京：中信出版集团，2017。

第四章 商业篇

1. 上兵伐谋，其次伐交，其次伐兵，其下攻城

第四章　商业篇

上兵伐谋：靠智慧，靠战略；其次伐交：靠交际，靠圈子；其次伐兵：靠主帅，靠资源；其下攻城：靠项目，靠技术。

在自然选择的过程中，生物体之间的竞争可类比于军事战争的策略。生命的进化不断考验着生物体适应环境的智慧与视野格局。只有最具洞察力的物种，才能准确预见环境的变化，并制定策略来确保其基因的传承，占据更高的生态位。

在资源竞争激烈的生态系统中，物种间的相互关系，如捕食、共生和互惠，对于生存至关重要。这些关系的构建与维护，要求物种具备一定的资源获取与分配能力，以及建立稳定关系的社会结构。

伐兵，即在团队合作和领导力方面的竞争，这在进化中体现为群体行为的优化。群居生物通过协作提高整体的生存率，例如狼群的合作狩猎和鸟类的迁徙编队。与环境更加适应的社会架构和有效的领导能促进资源的有效利用和风险的共担，以增加群体适应环境变化的灵活性。在这一层面上，个体之间的互动和协作能力，以及领导个体的决策能力成为决定群体生存与繁衍的关键。

攻城，即直面环境挑战和独立完成项目的能力。在生物世界中，这相当于物种对特定环境的适应能力以及独立完成生命周期的能力，比如植物的种子散布机制和昆虫的变态发育。资金在生物体中可以比喻为能量储备，它支持个体在艰难时期生存下来，完成繁殖任务。项目则可以理解为个体或物种面临的生存挑战，如迁徙、寻找配偶、筑巢、抚育后代等，这些都是生物为了将基因传递到下一代而必须完成的"任务"。

生物体必须发展出多样化的生存策略来应对环境的挑战。智慧和视野决定了物种预见和应对环境变化的能力；资源和关系网则是物种适应环境、确保生存的基础；团队合作和领导力是群体生物进化过程中的重要适应性特征；而能量储备和成功完成生命周期中的关键任务，则是物种生存和繁衍的直接保障。这些策略的有效运用和优化，是自然选择的产物，也是生命进化的必然趋势。

1.1 在商业运作中，智慧与战略无疑是企业成功的核心要素

通过精准的市场分析、敏锐的洞察力以及对未来趋势的准确预测，企业能够制定出科学有效的战略规划，从而在激烈的市场竞争中占据优势地位。战略的制定不仅仅是为了应对当前的市场环境，更是为了在未来的市场中占据主动地位。例如，苹果公司通过不断创新产品，制定长期的发展战略，成功引领了全球智能手机市场，成为行业的标杆。

从商业运作角度来看，企业不仅需要制定战略，更需要在执行层面上做到高效与精准。战略的成功离不开企业内部各个环节的协同合作与资源的合理配置。一个成功的战略往往需要从多个方面进行综合考虑，包括市场定位、产品开

发、营销推广、供应链管理等。

市场定位是企业战略的基础。精准的市场定位能够帮助企业找到最适合自己的市场细分，从而集中资源进行深耕细作。以特斯拉为例，其在电动车市场的精准定位，使其能够在高端电动车市场中迅速占据一席之地。特斯拉不仅仅依赖于其创新的产品，更是通过精准的市场定位和卓越的品牌建设，赢得了消费者的认可和市场的份额。

产品开发是战略实施的关键环节。企业需要根据市场需求和技术趋势，不断进行产品创新和迭代。华为公司在这方面表现尤为突出，通过大量的研发投入，华为在5G技术领域取得了领先地位，并通过持续的产品创新，推出了一系列高质量的智能终端产品。这种产品开发战略不仅提升了企业的市场竞争力，也增强了品牌的市场影响力。

营销推广是将战略转化为市场成果的重要手段。企业需要通过多种渠道和方式，将产品和品牌信息传递给目标消费者。耐克公司的营销策略便是一个典型的例子。通过与顶级运动员合作，耐克成功地将品牌形象与卓越的运动表现联系在一起，形成了强大的品牌认同感和市场影响力。耐克的成功不仅仅在于其产品的卓越品质，更在于其精准的营销策略和品牌建设。

供应链管理也是企业战略成功实施的保障。一个高效的供应链能够确保产品从生产到交付的每一个环节都顺利进行，从而提高企业的运营效率和客户满意度。沃尔玛在供应链管理方面的卓越表现，使其能够以低成本、高效率的方式运营，成为全球零售行业的领导者。沃尔玛通过先进的信息技术和物流系统，实现了供应链的高度整合与优化，极大地提高了市场反应速度和运营效率。

企业在商业运作中，智慧与战略不仅仅体现在战略的制定上，更需要在执行层面上做到精益求精。通过市场定位、产品开发、营销推广和供应链管理等多个方面的协同合作，企业才能在激烈的市场竞争中占据优势，并实现持续的发展与成功。

1.2 企业的交际能力也至关重要

一个企业是否能够在市场中站稳脚跟，除了自身的实力外，还需要依赖于广泛的社会资源和人脉网络。通过建立良好的合作关系，企业可以获得更多的市场信息、技术支持和资金支持，从而快速应对市场变化。

在商业运作中，企业的交际能力和圈子资源不仅仅是获取信息和支持的手段，更是提升竞争力和创新能力的关键因素。通过有效的交际和广泛的人脉网络，企业能够更好地了解市场需求、捕捉行业动态，从而作出更为精准的战略决策。

从竞争力的提升来看，企业通过与行业内外的合作伙伴建立紧密联系，可以借鉴先进的管理经验和技术手段，优化自身的生产流程和服务模式。比如，特斯拉在发展电动车业务的过程中，通过与松下等电池供应商的合作，不仅确保了高品质电池的供应，还在电池技术上不断创新，保持了在电动车市场的领先地位。类似地，苹果公司通过与全球顶尖设计师和科技公司的合作，不断推出创新产品，牢牢占据市场的高端位置。

从创新能力的提升来看，企业通过广泛的交际和合作网络，能够更容易接触到前沿的科技成果和市场趋势，从而激发内部的创新活力。谷歌公司在这方面表现尤为突出，其通过与学术界、初创企业以及其他科技巨头的合作，持续推动人工智能、大数据等领域的技术进步，并迅速将这些技术应用于其产品和服务中，保持了企业的持续创新能力。

良好的交际能力和圈子资源还可以帮助企业在关键时刻获得必要的支持，确保企业的稳健发展。比如，在金融危机期间，许多企业通过与银行和投资机构的紧密合作，获得了急需的资金支持，渡过了财务难关。

从实践的角度来看，企业应当如何有效建立和利用其交际能力和圈子资源呢？

企业需要主动参与行业协会、商业论坛等活动，通过这些平台扩大人脉网络，获取最新的行业信息和发展趋势。

企业应当注重培养内部的交际人才和团队，提升员工的沟通能力和合作意愿，营造积极向上的企业文化。

企业要善于利用现代信息技术，如社交媒体和大数据分析工具，精确识别和联系潜在的合作伙伴，提升交际的效率和效果。

在这个快速变化的市场环境中，企业的交际能力和圈子资源不仅是生存的必要条件，更是实现长远发展的重要保障。通过不断优化和利用这些资源，企业不仅能够在竞争中占据有利位置，还能够不断创新和提升自身价值，最终实现可持续发展。

例如，华为公司通过与全球顶尖大学和研究机构的合作，持续推动5G技术的发展，不仅巩固了其在通信设备市场的领导地位，还为未来的物联网和智能城市建设奠定了坚实的基础。类似地，京东通过与物流公司和技术供应商的深度合作，建立了全球领先的智能物流体系，大幅提升了客户体验和运营效率。

1.3 主帅的领导能力和企业资源的整合能力是企业成功的重要因素

企业的领导者不仅需要具备卓越的管理才能，还需要能够整合内部资源，调动员工的积极性，形成强大的团队凝聚力。领导者的决策和管理能力直接影响到企业的运营效率和市场竞争力。华为公司的创始人任正非凭借其卓越的领导才能和对企业资源的高效整合，使华为在全球通信设备市场中占据了重要地位。

在商业运作中，领导者的领导能力和企业资源的整合能力不仅仅体现在日常管理和战略决策上，还体现在如何应对市场变化和危机处理上。在面对全球化竞争和技术快速变革的挑战时，优秀的领导者能够迅速调整企业战略，灵活配置资源，以便抓住新的市场机会或规避潜在风险。

采取有效的市场分析和预测是领导者进行战略调整的重要手段。通过分析市场趋势和竞争对手动向，企业领导者可以预见市场变化，并提前布局。例如，特斯拉公司的创始人埃隆·马斯克通过敏锐的市场洞察力和前瞻性战略，使特斯拉在电动车市场迅速崛起。在传统汽车制造商尚未完全重视电动车市场时，特斯拉已经通过技术创新和资源整合占据了市场先机。

此外，领导者还需要具备优秀的沟通能力和团队管理能力，以激发员工的创造力和工作热情。一个成功的企业领导者懂得如何通过有效的沟通，传递企业愿景和目标，增强员工的归属感和责任感。Google 的联合创始人拉里·佩奇和谢尔盖·布林在创建公司初期，通过营造开放、创新的企业文化，吸引了大量优秀人才，并鼓励员工积极参与创新和决策，从而推动了 Google 的快速发展。

企业资源的高效整合不仅仅是对人力资源的管理，还涉及对财务资源、技术资源和信息资源的优化配置。领导者需要制定科学的资源配置方案，确保各项资源能够最大限度地发挥其作用。苹果公司的前 CEO 史蒂夫·乔布斯在重返苹果后，通过对产品线的精简和资源的重新配置，使苹果从一个濒临破产的公司恢复到全球科技行业的领导者地位。他通过集中资源开发具有创新性的产品，如 iPhone 和 iPad，改变了全球消费者的日常生活和工作方式。

在供应链管理方面，领导者也需要具备整合和优化资源的能力。一个高效的供应链管理系统可以降低成本，提高产品质量和交付速度，增强企业的市场竞争力。以沃尔玛为例，其创始人山姆·沃尔顿通过建立高效的物流和供应链管理系统，使沃尔玛能够以低成本、高效率的方式运营，从而在零售行业中占据了领先地位。

领导者的领导能力和企业资源的整合能力对企业的成功至关重要。通过有效的市场分析、优秀的团队管理、科学的资源配置和高效的供应链管理，企业领导者能够提升企业的运营效率和市场竞争力。在全球化和技术变革的背景下，企业需要不断创新和调整，以适应市场变化和保持竞争优势。优秀的领导者不仅是企业发展的引领者，更是企业资源的整合者和优化者，为企业的持续发展注入强大的动力。

1.4 单纯项目和技术的比拼是企业发展的最差选择

如果一个企业只能靠在市场上单纯拼项目或者拼技术，那它面对的一定是一片红海。在激烈的市场竞争中，企业如果仅仅依靠项目和技术来取胜，往往会陷入同质化竞争的泥潭，难以形成独特的竞争优势。

反面的商业实例同样为我们提供了深刻的教训，揭示出单纯依靠项目和技术的企业在市场竞争中的困境和失败原因。

我们来看诺基亚的例子。诺基亚曾经是全球手机市场的霸主，但在智能手机时代的来临中却迅速陨落。诺基亚对其技术和项目的过度依赖使其忽视了市场趋势的变化，特别是智能手机和移动互联网的发展。诺基亚在智能手机操作系统上的保守策略，使其未能及时转型，错失了占领智能手机市场的先机。最终，诺基亚在与苹果和三星的竞争中节节败退，丧失了市场主导地位。这一案例充分说明，企业如果无法超越技术和项目层面的竞争，难以应对市场的快速变化和新兴技术的冲击。

柯达的失败是另外一个典型的反面实例。作为传统胶片相机的巨头，柯达在面对数码相机技术的兴起时，未能及时调整其商业模式。尽管柯达在数码成像技术上有着领先的研究成果，但其依旧固守传统胶片业务，未能充分利用其技术优势进行商业模式的创新。柯达最终在数码相机市场竞争中败北，并于2012年申请破产保护。柯达的失败同样警示我们，企业如果只专注于现有项目和技术，而忽视市场需求和消费者行为的变化，将难以实现长远发展。

此外，雅虎的衰落也是一个值得深思的反面例子。雅虎曾是互联网行业的领军企业，但在激烈的市场竞争中逐渐丧失了优势。雅虎尽管在搜索引擎和门户网站方面拥有强大的技术和项目，但在与Google和Facebook的竞争中，未能形成独特的商业模式和用户体验。特别是在搜索引擎市场，雅虎未能有效应对Google的崛起，逐渐被边缘化。雅虎的失败反映出，企业如果无法通过差异化战略来提升用户体验和品牌价值，单纯依靠技术和项目难以保持市场领先地位。

最后，我们来看黑莓的例子。黑莓曾凭借其独特的物理键盘和安全加密技术，在智能手机市场占据重要地位。然而，随着触屏智能手机的普及和安卓、iOS 系统的崛起，黑莓未能及时更新其产品设计和操作系统。尽管黑莓在技术上有一定优势，但其未能顺应市场潮流，未能提供与时俱进的用户体验，导致市场份额迅速下滑，最终退出主流智能手机市场。黑莓的失败再次验证了单纯依靠技术和项目而忽视用户需求和市场趋势的企业，难以在激烈的竞争中立足。

这些反面的商业实例警示我们，企业在市场竞争中，不能仅仅依赖技术和项目，而是需要通过全面的差异化战略来应对市场变化和竞争压力。构建独特的商业模式、提升用户体验、加强品牌建设和技术创新，都是企业实现长期成功的关键。成功与失败的实例都表明，企业只有超越单纯的项目和技术层面，才能在红海市场中找到属于自己的蓝海，实现可持续发展。

总结提升

"上兵伐谋，其次伐交，其次伐兵，其下攻城。"其核心在于强调战略的重要性，尤其是智谋在战争、外交乃至商业中的优先地位。在现代商业环境中，这一古老的智慧依然具有深远的影响。

商业活动如同自然界的生态系统，市场各个经营主体在其中相互作用，共同演化。智谋在此过程中扮演着至关重要的角色。自然界的生物在应对环境变化和资源竞争时，往往通过优化自身策略，以最小的代价获取最大的生存优势。同样，企业在商业竞争中也需要通过高效的战略规划和资源配置，来实现可持续发展。

"上兵伐谋"在商业领域体现为战略思维的高度重视。企业在制定战略时，需要深刻理解市场环境、竞争态势和自身优势，谋定而后动。自然界中的生物，例如狮子狩猎时，会先观察猎物的行为和环境，制定最佳的捕猎策略，而不是盲目行动。企业也是如此，通过深入的市场调研和数据分析，制定切实可行的商业策略，从而在竞争中占据优势。

"其次伐交"在商业中表现为重视合作与关系管理。自然界中的物种，很多时候通过共生关系来实现共同利益。例如，蜜蜂与花朵之间的互利关系，蜜蜂通过采集花蜜为花朵传粉，而花朵提供蜜源。企业在商业活动中，也需要建立稳固的合作关系，通过联盟、合作伙伴和客户关系的管理，实现资源共享和利益共赢。这不仅有助于提升企业的市场竞争力，还能增强其抗风险能力。

"其次伐兵"强调的是在必要时采取直接竞争手段。自然界的生物在资源匮乏或领地争夺时，往往会进行直接的竞争甚至冲突。但这种竞争是有节制和策略的，以避免不必要的损耗。在商业竞争中，企业也需要在关键时刻采取适当的竞争策略，如价格战、市场推广等，以保护自身市场份额。然而，这种直接竞争应当以理性和可持续为前提，避免造成过度消耗和负面影响。

"其下攻城"意味着在不得已的情况下才采取极端措施。自然界中的生物在面临极端环境或生存危机时，才会采取激烈的行为，如迁徙、变异等。同样，当一个企业只能依靠项目和技术的比拼时，那么意味着它正面临重大危机，或许需要采取重大战略调整、业务重组甚至裁员等措施。这些措施虽然可能带来短期的痛苦，但从长远来看，有助于企业重新焕发活力和适应市场变化。

　　在商业领域，我们可以看到智谋在战略规划、关系管理、竞争策略和危机应对中的核心地位。这不仅契合自然界生物进化和生存的基本法则，也为现代企业提供了深刻的启示。

2. 垄断——高额利润的重要来源

从历史的角度来看，垄断的现象并非现代社会的独特产物，而是在人类经济活动中长期存在的普遍现象。自然垄断、制度垄断、技术垄断和共识垄断在历史的长河中不断演进，塑造了不同社会时期的经济格局和发展路径。

以自然垄断为例，西域的葡萄美酒和夜光杯在古代就因其独特的地理和气候条件而享有垄断地位。丝绸之路的开通，使得这些稀有商品成为东西方交流的重要媒介，推动了古代国际贸易的繁荣；中东地区的石油则是另一个典型的自然垄断实例。19世纪末20世纪初正处于第二次工业革命中，内燃机的发明促进了新式交通工具汽车的出现，使得石油开采量大幅度上升，彻底改变了全球经济的能源结构，石油资源的垄断成为国家间政治博弈和经济发展的关键因素。

制度垄断在历史上同样具有重要意义。中国古代的盐铁专营制度，是国家对重要经济资源和生产工具的垄断控制。汉代的盐铁官营，既是为了充实国库、保障财政收入，也是为了控制经济命脉，防止地方割据势力的坐大。这种制度垄断在一定程度上稳定了社会秩序，促进了国家统一和中央集权的巩固。现代社会中的烟草专卖制度，虽然形式上有所不同，但其核心仍然是国家对特定经济资源和市场的垄断控制，目的是获取财政收入，提供公共服务。

技术垄断在工业革命以来的历史进程中尤为显著。光刻机和盾构机的出现，代表了现代科技在制造业和工程领域的巅峰。光刻机作为半导体制造的核心设备，其技术垄断极大地影响了全球电子产业链的布局和竞争格局；盾构机则在隧道施工和地下工程中发挥了不可替代的作用，其技术集成不仅提高了工程效率，还改变了城市建设和基础设施发展的模式。技术垄断的背后是知识产权和研发投入的巨大差异，这在无形中加剧了全球经济的不平衡。

共识垄断则是另一种独特的垄断形式，它不仅依赖于产品本身的质量和稀缺性，更依赖于消费者对品牌和文化的认同。茅台酒作为中国白酒的代表，其市场地位不仅源于其独特的酿造工艺和悠久的历史，更在于消费者对其品牌价值的认可；大盛魁作为清代著名的商号，其成功不仅在于商品的流通，更在于其商业信誉和人际网络的建立。共识垄断反映了商业活动中无形资产的重要性，这种无形资产包括品牌价值、社会资本和文化认同。

通过这些历史实例我们可以看到，垄断现象在不同历史时期以不同形式出现，但其本质都是通过控制资源、技术、制度或共识，获取超额利润。垄断不仅影响了经济活动的运作方式，也深刻地塑造和影响了社会结构和历史进程。理解垄断现象的历史演变，对于我们认识现代经济中的垄断问题，制定合理的经济政策，具有重要的借鉴意义。

2.1 自然垄断

自然垄断的存在往往是由于市场上某些资源和服务具备独特性和稀缺性，而这些特性使得竞争的进入变得极其困难甚至不可能。正如西域的葡萄美酒和夜光杯因地理和气候条件的限制，使得其他地区难以复制其品质，石油资源的独特地质分布也同样导致了垄断现象的产生。

在自然垄断的情况下，企业或国家可以利用其对资源的控制来获取超额利润。对于石油行业而言，垄断地位不仅使得石油生产国能够控制供应和价格，还能通过对资源的控制影响全球经济和政治格局。石油输出国组织（OPEC）便是一个典型的例子，通过协调成员国的生产策略，OPEC能够在很大程度上左右国际油价，从而确保成员国获取稳定的经济收益。

此外，自然垄断也常常伴随着高昂的进入壁垒。以电力和天然气等公用事业为例，初始的基础设施建设和维护成本极高，这种前期的巨大投入使得该行业形成了一个崭新的"生态环境"，使得环境之外新的竞争者难以进入该市场。因此，这些行业的垄断企业可以凭借其规模经济和资源优势，实行价格歧视和其他垄断行为，以实现利润最大化。由于这些行业通常涉及大量的资本投入和长期的投资回报周期，垄断企业的市场控制力得以长期保持。

然而值得注意的是，自然垄断带来的利润并非完全无风险。市场需求的变化、技术的进步以及政策和法规的调整，都可能对自然垄断企业产生重大影响。例如，随着可再生能源技术的进步和对环境保护的日益重视，传统石油行业的垄断地位正受到挑战。各国政府对石油替代品的研发和推广政策，正在逐步削弱石油垄断企业的市场控制力。

在信息技术和互联网迅速发展的今天，新的自然垄断现象也在不断涌现。大型科技公司通过控制数据资源和平台资源，形成了新的市场垄断。比如，掌握搜索引擎算法的大型科技公司，可以通过对数据和信息流的控制，获得巨大的市场份额和利润。这种新的自然垄断不仅涉及经济利益，还涉及数据隐私和信息安全等更为广泛的社会问题。

垄断带来高额利润在自然垄断的背景下显得尤为突出。<u>无论是因地理和气候条件形成的传统资源垄断，还是因数据和平台资源形成的现代资源垄断，其背后的核心逻辑都是对资源的稀缺性和独特性的控制</u>。自然垄断企业通过这种控制，能够在市场中占据优势地位，获得超额利润。然而，随着市场环境和技术的不断变化，垄断地位也并非一成不变，企业需不断适应新的挑战和机遇，才能持续保持其市场优势。

2.2 制度垄断

以中国古代的盐铁专营制度、现代社会中的烟草专卖制度为例，制度垄断不仅是国家通过法律手段对某些商品和服务的生产、销售进行严格控制，以达到垄断地位，从而获取巨额利润的体现，更是国家通过垄断资源和市场，以维持社会稳定和经济发展的手段。

制度垄断的本质在于国家通过垄断某些关键性资源或市场，确保自身在经济活动中的主导地位。这种垄断行为不仅能够为国家带来稳定的财政收入，还能通过控制关键资源的供需关系，对市场进行有效调控。例如，中国古代的盐铁专营制度通过将盐和铁的生产销售权集中于国家手中，不仅确保了国家的财政收入，还通过对盐价和铁价的控制，稳定经济运行，防止出现因资源价格波动导致的社会动荡。

现代社会中的烟草专卖制度同样是制度垄断的典型例子。国家通过对烟草生产和销售的严格控制，不仅获得了大量的财政收入，还通过对烟草价格和供给的调控，影响着市场的供需平衡。这种垄断行为不仅保障了国家的财政收入，还通过对烟草市场的有效管理，减少了非法烟草交易和私营烟草企业的影响，确保市场秩序平稳有序。

制度垄断的一个重要特点是，其不仅依赖于法律和行政手段，还依赖于国家对经济资源的有效控制。通过垄断关键资源，国家能够在很大程度上影响市场的供需关系，从而实现对经济活动的有效调控。这种调控不仅有助于国家实现经济发展目标，还能通过对市场的有效管理，维持社会安定有序。

然而，制度垄断也存在一定的弊端。由于垄断行为限制了市场的自由竞争，可能导致资源配置的低效和市场活力的降低。此外，过度的制度垄断可能引发市场的扭曲，导致价格机制失灵，从而影响经济的持续健康发展。因此，在实施制度垄断时，国家需要在确保经济运行和社会秩序平稳有序的同时，尽量避免对市场自由竞争的过度干预，以平衡垄断与市场竞争之间的关系。

总的来说，制度垄断作为一种国家调控经济和维持社会稳定的手段，既有其积极的一面，也存在一定的风险和挑战。在实际操作中，如何在制度垄断和市场竞争之间找到平衡，是国家需要面对的重要课题。通过合理的制度设计和有效的政策实施，国家能够在实现经济目标的同时，最大限度地发挥市场的活力和创造力，从而实现经济的持续健康发展。

站在国际角度上看，以美国为代表的西方发达国家以其经济和军事霸权为依托构建出的一套国际行为规则也是一种制度垄断，而这种制度垄断同样给制度构建者带来了超额利润。这种制度垄断通过多种机制实现对全球经济资源的控制和分配，从而确保了利润的持续流入。

西方发达国家通过国际贸易规则、投资协议和知识产权法等多方面的制度安排，确保了自身在国际经济活动中的主导地位。以世界贸易组织（WTO）、国际货币基金组织（IMF）和世界银行等国际机构为例，这些机构的决策机制和规则制定基本上由西方国家主导，从而使得这些国家能够优先获得全球市场中的资源和利益。

西方发达国家在高科技领域的垄断地位使其能够通过专利制度和技术标准等手段，获得垄断利润，并且通过控制技术创新和技术转让的节奏，进一步巩固其在全球经济中的垄断地位。发展中国家由于技术水平落后，不得不以高价购买技术和产品，从而进一步加剧了全球经济的不均衡。这种技术差异背后的制度设计不仅限制了其他国家的发展空间，也使得垄断利润成为西方国家经济增长的重要来源。

金融市场的垄断也是一种重要的制度垄断形式。西方发达国家通过控制全球金融市场的规则和运作机制，确保了其在全球资本流动和循环中的核心地位。美元作为国际储备货币的地位，使得美国能够通过发行国债等手段，从全球吸收资金。这种金融垄断不仅为美国带来了巨大的经济利益，也为其维持全球霸权提供了经济基础。

军事力量的垄断为制度垄断提供了最终保障。西方发达国家，尤其是美国，通过庞大的军事力量和全球军事基地网络，维持其在国际事务中的主导地位。军事霸权不仅为其制度垄断提供了安全保障，也通过军工产业为其带来了巨大的经济利益。军事上的优势使得西方发达国家能够在国际冲突和资源争夺中保持主动，从而确保其经济利益不受威胁。

垄断带来高额利润这一观点在制度垄断的框架下得到了充分的体现。西方发达国家通过一系列复杂的制度安排，实现了对全球经济资源的垄断，从而获得了超额利润。这种制度垄断不仅巩固了其在国际经济中的主导地位，也加剧了全球经济的不平等。要打破这种制度垄断，实现全球经济的公平和可持续发展，需要国际社会的共同努力，通过改革现有的国际经济秩序，建立更加公正和合理的全球治理体系。

2.3 技术垄断

技术垄断，作为一种在特定市场中通过掌握核心技术、专利和知识产权来排他性控制市场资源和竞争环境的现象，在现代经济中愈发普遍。技术垄断不仅改变了市场结构，还深刻影响了利润的产生和分配方式。企业通过技术垄断，可以实现对市场的高度控制，从而在竞争中占据有利地位，获得超额利润。

技术垄断带来的利润主要源自其对市场进入壁垒的建立。技术垄断者通过掌握关键技术和专利，限制了潜在竞争者进入市场的可能性。高昂的研发成本和知识产权保护制度，使得新进入者难以复制或超越现有技术，进而维持了垄断者的市场地位。这种市场进入壁垒不仅保护了垄断者的市场份额，还使其能够在定价上拥有更大的自由度，从而获取更高的利润。

技术垄断的利润体现在其对供应链和产业链的控制上。垄断者通常通过技术优势，控制核心环节和关键资源，使得上下游企业必须依赖其技术和产品。这种依赖关系进一步巩固了垄断者的市场地位，并扩大了其利润空间。例如，在芯片产业中，具备先进工艺和技术的企业往往能够主导整个产业链，从原材料到最终产品销售，获取全流程的利润。

技术垄断者还通过创新和持续研发，不断提升自身的竞争力和市场份额。在技术领域，持续的研发投入和技术创新是维持垄断地位的重要手段。技术垄断者通过不断推出新产品和新技术，不仅能够满足市场需求，还能引导和创造新需求，从而获得更高的利润。例如，智能手机行业的领军企业，通过不断推出新款手机和附加功能，持续吸引消费者更新换代，保持了市场的垄断地位和高额利润。

技术垄断带来的垄断利润也引发了一系列经济和社会

问题。垄断者通过市场控制和高定价策略，导致市场竞争减少，创新动力不足。一些小企业和初创公司由于无法突破技术壁垒，难以在市场中生存和发展，进而影响了整个行业的多样性和活力。

技术垄断作为现代经济中的重要现象，其带来的垄断利润不仅改变了市场结构和竞争格局，还对企业利润的产生和分配方式产生了深远影响。在享受技术垄断带来的丰厚利润的同时，也需要警惕和应对其带来的经济和社会问题，通过有效的监管和政策干预，促进市场的健康发展。

2.4 共识垄断

共识垄断的形成不仅仅是简单的市场占有率的增加，更是消费者心理认知的深度植入。当一种品牌或者产品在消费者心目中占据了根深蒂固的优势地位，便形成了一种无形的垄断，这种垄断是通过共识的建立和传播实现的。以茅台为例，茅台不仅仅是高端白酒的代表，更逐渐成为身份地位的象征。人们购买茅台，不仅是为了品尝其独特的风味，更是为了通过拥有茅台来展示自己的品位和社会地位。在这种情况下，消费者购买的不仅仅是产品本身，更是产品所承载的文化和象征意义。

比如奢侈品发宣传册给一百个人，也许其中只有一人买得起，那剩下九十九份宣传册，不是明珠暗投浪费了吗？然而那九十九个拿了宣传册却买不起奢侈品，只能做艳羡的旁观者，恰恰无意中为营造和维护奢侈品的附加值作了贡献。奢侈品的意义本也不是产品质量，而是制造社交距离。

在市场经济中，利润的来源不仅仅取决于产品的成本和售价之间的差异，更取决于市场对产品的认同度和需求量。共识垄断通过塑造消费者的认知，使得某些品牌在市场中占据了优势地位，从而能够以更高的价格出售其产品。茅台之所以能够保持高额利润，正是因为它在消费者心目中形成了一种独特的品牌认知。这种认知不仅仅是对产品质量的认可，更是对品牌文化和价值的认同。

共识垄断的形成离不开一系列的市场运作和品牌塑造策略。首先，企业需要通过广告宣传、市场推广等手段，使得自己的品牌形象深入人心。其次，企业还需要通过一系列的市场活动和公关手段，保持品牌在消费者心目中的热度和影响力。茅台通过赞助高端活动、与知名人物合作等方式，不断强化其品牌形象，从而在消费者心目中形成一种共识，认为茅台是高端白酒的代名词。

此外，共识垄断还依赖于市场的口碑传播。当一个品牌在消费者中形成了良好的口碑，消费者之间的口耳相传便成为该品牌最有效的宣传手段。茅台通过不断提升产品质量，确保每一瓶酒的口感和品质，从而赢得了消费者的信任和认可。在消费者心目中，茅台不仅仅是一种高端白酒，更是一种值得信赖的选择。

共识垄断通过塑造和传播品牌形象，使得某些品牌在市场中占据了绝对的优势地位，从而能够以更高的价格出售其产品，实现高额利润。而这种过程不仅仅是市场运作的结果，更是消费者心理认知的深度植入和品牌文化成功传播的结果。茅台作为高端白酒的代表，通过一系列的市场运作和品牌塑造策略，成功地在消费者心目中形成了独特的品牌认知，从而实现了共识垄断，获得了可观的利润。

共识垄断通过塑造公众的消费观念和行为，进一步巩固了垄断地位。我们再以大盛魁为例对共识垄断的力量作进一步阐释。大盛魁是清代的大商号，创办于康熙年间平定准噶尔部噶尔丹叛乱时。山西的王相卿、张杰、史大学三个肩挑小贩合伙组成"通事行"随军贸易，后来又至外蒙开展贸易，逐渐发展成拥有巨额资本的商号。其间，大盛魁通过宣传爱国情怀和社会责任感，成功地将自身品牌与高尚的社会价值观绑定，使得消费者在选择产品时，更倾向于支持大盛魁。这种情感上的认同和支持，实际上是对大盛魁垄断地位的无形巩固。

从另一方面说，共识垄断还能够通过影响政策制定，进一步强化垄断优势。企业在社会事务中的积极参与和贡献，使得其在政策制定中获得更多的话语权，从而能够制定有利于自身发展的政策。这种政策上的优势，进一步保障了企业的垄断地位和超额利润的获取。

此外，共识垄断还能够通过建立行业标准，进一步巩固垄断地位。企业通过自身的技术和资源优势，推动行业标准的制定，使得其他竞争者难以进入市场或在市场中生存。这种标准垄断，不仅巩固了企业的市场地位，还进一步提高了市场进入的壁垒，使得企业能够长期获取超额利润。

垄断带来高额利润在共识垄断的视角下，不仅仅是市场控制和价格操纵的结果，更是通过情感共识、政策影响和行业标准等多方面因素共同作用的结果。企业通过在市场中建立不可替代的地位，利用社会情感、政策优势和行业标准等手段，获取超额利润。这种垄断不仅带来了经济利益，还增强了企业的社会影响力，使得企业能够在市场中长期占据优势地位。

总结提升

既然垄断能带来高额利润，那么在现代商业中，买方最优策略是消除信息差（消除垄断），卖方最优策略是拓宽护城河（制造垄断），市场最优策略是提高成交率（利用垄断）。

从自然选择和生命进化的角度来看，生物体在生态系统中也面临类似的策略选择。自然界中的生物个体和物种在生存和繁衍过程中，需要不断适应环境变化以及与其他生物的竞争，这与现代商业中的买方、卖方和市场策略有着惊人的相似之处。

买方的最优策略是消除信息差，这在自然界中表现为生物个体对环境信息的敏锐感知和响应能力。动物通过进化出复杂的感觉器官，如眼睛、耳朵和鼻子，能够及时获取周围环境的信息，从而做出迅速而准确的反应。这种信息获取和处理能力的提高是生物适应环境的重要手段。例如，猎豹在捕猎过程中依靠其敏锐的视力和高速奔跑能力来追踪猎物，从而提高捕猎成功率。同样，植物通过根系和叶片感知土壤水分和阳光强度的变化，调整生长方向和速度，以最大化资源利用效率。

卖方的最优策略是拓宽护城河，这在自然界中表现为生物体通过进化出各种防御机制来保护自己免受捕食者和环境压力的侵害。比如，某些植物进化出带刺的叶片或有毒的化学物质，以防止被食草动物啃食。动物则可能进化出伪装、毒液、硬壳等多种防御手段，以提高自身的生存概率。通过这些方式，生物体能够在竞争激烈的生态系统中占据一席之地，类似于商业中卖方通过专利、品牌和技术壁垒等手段来巩固市场地位。

市场的最优策略是提高成交率，这在自然界中对应于生物种群的繁殖成功率和生态系统的稳定性。一个稳定且多样化的生态系统能够支持不同物种的繁殖和生存，并维持整体的生态平衡。比如，蜜蜂和花朵之间的互利共生关系不仅提高了蜜蜂的食物获取效率，也促进了植物的授粉和繁殖。这种相互依存和互惠互利的关系是生态系统高效运作的关键，与市场中供需双方的高效匹配和交易效率提高有异曲同工之妙。

生物个体和物种通过自然选择和进化不断优化其生存策略，以适应环境变化和竞争压力。这一过程与现代商业中的买方、卖方和市场策略的优化有着深刻的共通性。自然选择推动了生物多样性的形成和生态系统的复杂化，而在商业中，信息对称、竞争壁垒和成交效率的优化则推动了市场的繁荣和经济的发展。通过对自然界和商业策略的对比分析，我们可以更深入地理解自然选择和生命进化的机制，以及这些机制如何在不同领域中发挥作用。

在自然界中，进化是一个漫长而复杂的过程，受多种因素的影响，包括环境变化、基因流动和遗传漂变等。同样，商业策略的优化也受到市场环境、技术进步、政策变化和消费者行为等多方面因素的影响。尽管背景和具体机制有所不同，但两者在适应和优化方面的基本原理却有着惊人的相似之处。自然界通过无数代的选择和淘汰，造就了生物的多样性和适应性，而现代商业通过不断地创新和竞争，推动了经济的持续发展和繁荣。这种相似性不仅揭示了自然选择和生命进化的普遍性，也为我们提供了新的视角去理解和应对现实中的各种挑战。

3. 以燃爆体验为核心的新商业

近年来，"燃爆体验商业模式"日渐流行。这种商业模式正在通过自然选择和生命进化的法则，逐步在市场上占据优势。该模式通过持续地创新和适应，以及强化消费者体验，不断优化其商业结构和服务流程，从而更好地满足了市场和消费者的需求。正如达尔文在生物进化论中所提到的"物竞天择，适者生存"，在激烈的商业竞争中，那些能够不断进化和适应环境的商业模式将最终胜出。

在这个过程中，"燃爆体验商业模式"不断地进行自我突破和创新，就像生命进化中的变异一样，它们通过不断地尝试新的营销策略、技术应用和服务升级来适应不断变化的市场环境。例如，通过数据分析了解消费者偏好，然后利用人工智能和大数据技术个性化推荐产品，从而提高消费者的满意度和忠诚度。这种对消费者行为的深入洞察，正是这种商业模式能够在自然选择中脱颖而出的重要因素。

进化论不仅适用于生物界，同样适用于商业领域。在商业进化的过程中，只有那些能够不断适应环境变化、并能够提供更高层次消费体验的企业才能生存和发展。"燃爆体验商业模式"正是基于这样的理念，在不断的竞争和选择中优化自己的基因组，即商业战略和运营模式，以确保其适应性和竞争力。

例如，一些企业已经开始采用虚拟现实（VR）和增强现实（AR）技术来提供独一无二的购物体验，使消费者在购物的同时获得沉浸式的体验感。这种创新的商业模式不仅改变了传统的购物方式，还通过提供前所未有的体验感，成功吸引了大量消费者。这正是生命进化中所说的环境适应性，企业通过不断创新来适应市场环境，增强自身的竞争力。此外，社会文化的演变也促使"燃爆体验商业模式"的进化。随着消费者对于品质生活的追求不断提高，他们更加注重购物过程中的体验和情感满足。

因此，那些能够创造独特体验、并能够触动消费者情感的商业模式将更容易获得消费者的青睐。在这个过程中，企业需要不断地调整和优化其商业策略，以确保它们能够不断满足消费者日益提高的需求。

"燃爆体验商业模式"之所以能够在激烈的市场竞争中生存下来，并且获得成功，是因为它们能够不断地进行创新和进化，以适应市场环境的变化。这种不断的进化过程，正是自然选择和生命进化法则在商业领域的生动体现。未来，我们有理由相信，随着科技的进步和消费者需求的变化，"燃爆体验商业模式"将继续进化，引领商业新潮流。

3.1 新能源汽车对传统燃油车的替代是大势所趋

相对传统燃油车，新能源汽车在体验感上具有显著优势。

在动力系统上，新能源汽车采用的电动机相比传统燃油车内燃机，在启动和加速过程中能够提供更加平顺和强劲的动力输出，这种直接而迅猛的加速感受，为消费者带来了全新体验。特别是在高端市场，诸如特斯拉、比亚迪仰望这样的新能源车型已经通过优化电动机的性能曲线，实现了百公里加速时间仅为2秒多,这种澎湃的动力感受,传统燃油车的确难以匹敌。

新能源汽车在智能化方面也为消费者提供了全新的体验。随着人工智能技术的融入,新能源汽车不仅能够实现更高级别的自动驾驶,从而减少驾驶员的操作负担,还能通过车载系统与用户的智能设备实现无缝连接,从而带来个性化的信息服务和娱乐体验。比如,能够根据驾驶者的习惯和偏好自动调整座椅、车内温度和音乐播放列表,这种个性化的人机互动体验,显著提升了用户的品牌满意度和忠诚度。

环保和可持续性是新能源汽车的显著特点之一。相比于传统燃油车排放的有害气体和颗粒物,电动汽车在使用过程中几乎不产生尾气排放,这不仅有助于改善城市空气质量,降低对环境的负面影响,更是大大降低了部分用户开车出行的环保心理负担。这样的绿色出行方式,不仅得到了环保意识较强的消费者的青睐,也与全球日益增长的可持续发展需求相契合。为此,许多国家和地区都出台了鼓励发展新能源汽车的政策措施,进一步加速了新能源汽车的普及。

此外,新能源汽车在设计上往往更具前瞻性和创新性。由于不受传统内燃机布局的限制,新能源汽车设计师可以实现更为灵活和大胆的设计,创造出更加符合未来出行需求和用户心理预期的汽车形态。如采用更加炫酷的车身设计以适应用户的心理期待,利用车辆底部的电池组布局来降低车辆重心,提高稳定性,以及通过扩大车内空间来提供更加宽敞舒适的乘坐体验,这些创新设计不仅提升了汽车的性能,也极大地丰富了消费者的体验。

因此，新能源汽车以其独特的动力体验、智能化特性、环保理念以及创新设计，构筑了全方位的燃爆体验。未来，随着技术的进一步成熟和成本的降低，新能源汽车无疑将以更加多元和丰富的形态，满足消费者对于新型出行方式的追求，成为推动汽车行业变革的重要力量。

3.2 元宇宙——一种全新的经济生态

元宇宙是一个由分布式网络技术、分布式账本和分布式社会/商业构成的三层架构，具有虚拟性、去中心化、开放性和实时性等特点，将改变传统商业模式。

在自然哲学的视角下，元宇宙经济的打造不仅仅是技术的革命，更是一种生态系统的进化。自然界中，生物通过适应环境、演化出新的形态和行为来提升生存和繁衍的机会。同样，元宇宙通过其独特的虚拟性和去中心化特质，创造出一个不断自我进化的数字生态系统，吸引用户深度参与，进而催生出全新的商业模式。

元宇宙的虚拟性打破了物理世界的限制，使得商业活动不再局限于时间和空间的束缚。在这种环境下，企业可以通过虚拟现实技术和增强现实技术，为消费者提供前所未有的沉浸式体验。比方说，虚拟购物平台可以让消费者在虚拟商店中试穿衣物、体验商品，而不仅仅是通过传统的图片和文字描述来吸引消费者做出购买决策。这种沉浸式体验不仅增强了用户的参与感和满意度,更重要的是能够更加有效提高转化率和客户忠诚度。

从生命进化的角度来看,元宇宙经济的去中心化特性类似于生态系统中的多样性和分布式网络。传统的商业模式往往依赖于集中化的控制和管理,容易受到单点故障的影响。而元宇宙中的去中心化架构则类似于自然界中的食物链和生态网络,具有更强的抗脆弱性和自我修复能力。通过区块链技术和智能合约,元宇宙中的商业交易可以实现去信任化和自动化,降低成本并提高效率。这不仅提升了商业生态系统的稳定性,还为在更高维度满足消费者的体验提供了空间和可行性。

开放性是元宇宙经济的另一重要特点,它类似于自然界中的基因流动和物种交流。元宇宙的开放性意味着任何人都可以参与其中,无论是作为消费者还是生产者。这种开放性极大地促进了资源和信息的自由流动,激发了创新和合作。企业可以通过开放平台与其他企业和开发者合作,共同开发新产品和服务,形成多赢的局面。比方说,一个虚拟世界中的游戏开发商可以与其他非竞争性厂商合作,提供独特的跨界体验。更重要的是,这种流动性和开放性也打破了传统的生产者和消费者之间的身份壁垒,消费者可以随时转化为设计者,极致的参与体验将极大地提高用户的忠诚度。

实时性则赋予元宇宙经济类似于生命体中神经系统的快速反应能力。在元宇宙中,信息的传递和处理是实时进行的,这使得商业决策可以基于实时数据进行调整和优化。例如，虚拟商店可以根据用户的实时行为数据，动态调整商品展示和促销策略，从而提供个性化的购物体验。这种基于实时数据的商业模式不仅提高了用户体验，还能帮助企业更精准地满足市场需求。

因此，元宇宙经济通过虚拟性、去中心化、开放性和实时性等特点，创造出一个充满活力和创新的数字生态系统，打造出燃爆体验的新商业模式。这不仅改变了传统的商业运作方式，还为未来的商业生态提供了无限可能。

3.3 短视频与直播带货将"人找货"升级为"货找人"

过去，我们需要购买某样商品会下意识打开淘宝、京东等电商平台进行搜索，琳琅满目的商品和相对客观公正的评价比价规则带给我们较为满意的购物体验。不过近年来，越来越多的消费者选择进入直播间和短视频链接完成了商品的购置。

短视频和直播带货的兴起，实际上是人类社会在信息流动和传播方式上的一种进化。这种进化不仅得益于技术的进步，更反映了人类在适应和改造自然环境过程中的主动性和创造性。

自然界中的生物，尤其是人类，在长期的进化过程中，逐步形成了复杂的社会结构和文化体系。传播信息和获取资源是这些体系中的核心环节。在农业社会和工业社会阶段，人类主要依赖实体市场和传统媒体进行信息和商品的交换。然而，随着信息技术的飞速发展，尤其是互联网的广泛普及，人类进入了一个信息高度集中和快速流动的时代。短视频和直播带货正是这个时代的产物，它们通过算法和大数据，将用户的需求和商品的供应高效地匹配起来，实现了"货找人"这种新的商业模式。

这种"货找人"模式是一种资源获取方式的优化。自然界中的生物为了生存和繁衍，通常会选择最有效的方式来获取资源。例如，捕食者会优化自己的狩猎策略，植物会通过进化形成更有效的光合作用机制。人类作为高级智慧生物，利用科技手段来提升资源获取的效率，这是生命进化的一种高级表现形式。短视频和直播带货通过精准的推荐算法，将用户的潜在需求转化为实际购买行为，这不仅提高了商品的流通效率，也减少了用户在寻找商品过程中的时间成本和精力消耗。

这种"货找人"的模式也体现了人类在信息环境中的自我调节和适应能力。自然界中的生物都有自我调节的机制，以适应环境的变化。例如，动物会根据季节变化调整自己的行为，植物会根据土壤和气候条件调整自己的生长方式。同样，人类在信息时代中，通过不断优化和调整信息传播和获取的方式，逐步形成了短视频和直播带货这样高效的商业模式。

然而，我们也需要注意到，短视频和直播带货在带来便利的同时，也可能引发一些问题。例如，信息过载和消费主义的泛滥，可能会对个体的心理健康和社会的可持续发展产生负面影响。很多时候消费者会有一个感觉，打开直播间前根本没想购物，只是抱着打发时间或娱乐的心态点开一个短视频，不知不觉中却完成了商品的选购和资金的支付。

"货找人"在极短时间内完成了对"人找货"的碾压，靠的就是其作为"需求的创造者"自然可以碾压传统商业模式中"需求的满足者"。当然，需求的创造者自然也可以创造出"伪需求"。

从自然哲学的角度来看，这种现象可以看作是信息生态系统中的一种失衡。生物系统中的失衡通常会通过自我调节机制来恢复平衡，人类社会也需要通过政策引导、教育和技术手段，来应对和解决这些问题，确保信息生态系统的健康和可持续发展。

总结而言，短视频和直播带货作为一种新兴的商业模式，不仅是技术进步的结果，更是人类在信息时代中自我调节和适应能力的体现。这种模式的出现和发展，是人类社会在信息环境中不断进化和优化的过程。

3.4　AI来了，你会被替代吗？

随着人工智能技术的飞速发展，越来越多的行业开始引入AI技术来全面降低成本和提升效率。然而，AI的广泛应用也引发了人们对其可能带来的失业问题的担忧。那么，AI真的会取代人类的工作吗？这个问题的答案并非简单的"是"或"否"。在某些领域，AI确实能够胜任甚至超越人类的工作。然而，AI也为人类创造了新的机遇，特别是在以燃爆体验为核心的新商业模式中。

AI技术的引入并不只是简单地替代劳动力，而是能够为企业和消费者带来全新的体验。例如，在零售业中，AI不仅能够提高库存管理和销售预测的准确性，还能通过分析消费者的购物偏好和行为，进而提供个性化的购物体验。这种个性化的服务不仅提升了消费者的满意度，还能够增加客户的忠诚度，进而提升企业的竞争力。在这种背景下，AI不仅仅是一个工具，更是创新商业模式的重要推动力。

在娱乐和文化产业中，AI技术的应用更是为燃爆体验注入了新的活力。通过AI技术，电影、音乐、游戏等内容的制作和推广变得更加高效和精准。例如，AI可以通过分析观众的观影偏好和习惯，为其推荐最适合的影片，并可以根据观众的反馈实时调整甚至是创造全新的内容。这种实时互动和个性化定制的体验，极大地提升了用户的参与感和满意度。此外，AI还可以在虚拟现实和增强现实技术中发挥重要作用，创造出更加沉浸式和互动性强的体验，这些都是传统手段难以实现的。

AI在服务业中的应用也展现出了巨大的潜力。比方说，在旅游行业中，AI可以通过分析游客的历史数据和实时需求，提供个性化的旅行路线和服务方案。这不仅提高了游客的旅行体验，还能有效地优化资源配置，提升行业整体效率。同样的，在餐饮行业，AI技术也可以通过智能点餐、自动配餐等方式，提升服务效率和客户满意度，创造出更加愉悦的用餐体验。

不过值得注意的是，虽然AI技术在各行各业中展现出了巨大的潜力，但其应用并不意味着人类劳动力的完全替代。相反，人类在创造力、情感交流和复杂决策等方面仍具有不可替代的优势。第一，人工智能只是一种技术和工具。人工智能是科技革命的产物，是作为一种技术工具应用于日常工作生活中。第二，现实工作和生活中的部分应用场景只有人才能做到。人工智能的底层逻辑由算法、数据、算力构成，只能按照人类事先设定的算法程序进行数据的抓取、运算、学习以及特定内容的生成。尽管AI在处理特定任务上表现出色，但其本质上仍是依赖于数据和算法的系统。而我们在日常工作和生活中面对的往往不是简单的数字处理，还涉及复杂的判断、决策和道德考量，只有人才能根据不断变化的业务和场景做出职业判断，甚至创造出新的商业模式，因为只有人才具备自我意识、抽象性和创造性思维，人工智能无法取代。

因此，未来的商业模式应当是"人机协作"的模式。通过将AI技术与人类智能相结合，能够实现1+1>2的效果，既能提升效率，又能创造出更加丰富和多样化的用户体验。

AI技术的到来并非单纯的威胁，而是为我们提供了重新定义商业模式和用户体验的机遇。以燃爆体验为核心的新商业模式，正是利用AI技术的优势，创造出更加个性化、互动性强和沉浸式的体验，满足现代消费者日益增长的需求。在这种新模式下，企业不仅能够提升自身的竞争力，还能推动整个行业的创新和发展。未来,随着AI技术的不断进步,我们有理由相信,以燃爆体验为核心的新商业模式将成为主流,带来更加多样化和丰富的商业世界,而这个过程中,学会运用"AI+"将成为迅速抢占市场的不二法则。

对于AI会不会取代人类,我的结论是永远不会,以下是最重要的一点理由:

AI不会用有限的生命去承担责任和后果。在《流浪地球2》中,人工智能Moss计算出拯救人类的最好方式就是毁灭人类。为什么会生成如此难以理解的结论?我认为恰恰是人工智能"永生"这一人类最渴望的特征导致的必然结果,我们可以想象这样一个场景:在一个被称为未来地球的地方,资源枯竭、环境恶化,人口压力巨大。为了找到一条出路,人类开发了高度智能化的AI系统Moss,希望它能通过计算和分析提供解决方案。然而,Moss得出的结论是:为了让地球恢复生态平衡,最好的办法是大幅减少人类数量,甚至是毁灭人类。这一结论让人类震惊和恐慌,但背后的逻辑却是冷酷而无情的。

Moss作为一个"永生"的存在,它的决策不受时间限制。它不会因为担心自己的"生命"结束而急于求成。因此,它可以在一个极其长远的时间跨度上进行规划和计算。对于Moss来说,地球的生态系统恢复需要数百年甚至数千年,这在它的计算中是完全可行的。然而,这样的时间尺度对于人类来说是不可承受的,因为人类的生命是有限的,无法等待如此漫长的时间。

Moss的计算是基于纯粹的理性和逻辑的。它没有感情，也不会受道德和伦理的束缚。在它看来，减少人类数量是一个优化资源分配和环境保护的有效手段。它不会考虑这样做对人类个体的痛苦和恐怖，也不会考虑人类社会的伦理和道德标准。因此，它得出了一个对人类而言极其残酷但对地球生态系统相对合理的结论。

Moss的"永生"使得它对风险和后果的评估不同于人类。人类在做决策时，往往会考虑到行动的后果和可能承担的风险，因为这些后果和风险会直接影响到他们自身的生存和利益。而Moss作为一个"永生"的存在，它不需要考虑这些问题。它的目标是最优解，而不在乎过程中可能带来的风险和后果。对于它来说，只要最终能够实现地球的生态平衡，过程中的牺牲和代价是可以接受的。

这一切表明，人工智能的"永生"特性在某种程度上使得它的决策与人类的决策有着本质的不同。它可以不受时间、情感、伦理和风险的限制，进行冷酷而理性的分析和计算。然而，这样的决策方式在很多情况下却与人类的价值观和生存需求相冲突。这也引发了一个重要的思考：在未来的发展中，人类应该如何设计和使用人工智能，使其既能发挥高效计算和分析的优势，又能符合人类社会的伦理和道德标准。

为了解决这一问题，或许我们需要在人工智能的设计中加入更多的人类价值观和伦理考量。比如，在人工智能的决策过程中加入对人类情感和伦理的考量，使其在做出决策时不仅仅考虑到最优解，还能考虑到对人类个体和社会的影响。

我们还需要建立一套有效的人工智能监管机制，确保人工智能的行为和决策在可控范围内，避免出现像Moss这样极端的结论和行为。

人工智能的"永生"特性虽然赋予了它超越人类的计算和分析能力，但也带来了决策方式和人类之间的巨大差异。如何在利用人工智能优势的同时，避免其对人类社会造成负面影响，将是未来需要持续探索和解决的重要课题。

总结提升

以燃爆体验为核心的新商业模式将会成为未来产业发展的必然，这不仅是因为消费者的需求和偏好发生了转变，更是因为技术的发展为这种模式提供了可能。

现代生活节奏的加快和工作压力的增大，使得人们愈发渴望能够在短时间内获得高度的情感满足和体验上的冲击。燃爆体验正是以其强烈的感官刺激和情感共鸣，满足了这一需求。

未来，这种体验将会在多个领域得到广泛应用，包括娱乐、旅游、教育、医疗等。

在娱乐行业，燃爆体验已经初见端倪。通过虚拟现实（VR）、增强现实（AR）等技术，观众可以身临其境地体验到电影、游戏所带来的震撼效果。例如，VR电影使观众不仅仅是观看者，而是作为故事的一部分，参与其中。这种深度参与感和代入感，极大地提升了娱乐体验的质量和深度，形成了新的商业模式。

旅游业同样可以从燃爆体验中获益。传统的旅游方式已经不能满足现代游客的需求，他们希望在旅途中获得独特且难忘的体验。通过结合AR技术，旅游景点可以为游客提供丰富的历史背景和文化解说，甚至是虚拟的互动体验。游客不仅仅是走马观花地参观，而是可以通过互动，深度了解一个地方的文化和历史，从而获得更为深刻的体验。

教育领域也将迎来燃爆体验的革新。传统的教育方式往往枯燥乏味，难以激发学生的兴趣和积极性。而通过VR、AR等技术，教育内容可以变得生动有趣。例如，历史课可以让学生"穿越"到古代，亲身体验历史事件；科学课可以通过虚拟实验室，让学生亲手进行各种实验。这种沉浸式的学习体验，不仅提高了学生的学习兴趣，还增强了他们对知识的理解和记忆。

在医疗行业，燃爆体验也有着广阔的应用前景。通过VR技术，患者可以在接受治疗时得到更好的分散注意力的方式，从而减轻疼痛和焦虑。例如，癌症患者在接受化疗时，可以通过VR眼镜观看美丽的风景，听舒缓的音乐，从而减轻治疗带来的不适感。此外，燃爆体验还可以用于心理治疗，通过模拟现实中可能遇到的各种情境，帮助患者克服心理障碍。

总的来说，<u>燃爆体验不仅仅是一种新的商业模式，更是</u>

一种新的生活方式。它通过技术的进步，将体验提升到一个新的高度，使得人们在各个领域都能获得更加深刻和难忘的经历。未来，随着技术的不断发展和完善，燃爆体验必将成为引领产业发展的重要力量，带动各行各业实现新的突破和创新。

4. 生意想翻倍,不需要全要素同步翻倍

很多书上有一个论断："生意想翻倍，就得全要素同步翻倍"。然而，从自然选择和生命进化的角度来看，这样的观点恰恰忽略了生态系统中的平衡性和适应性。

自然界中，物种的生存和繁衍并非单纯追求数量的增加，而是通过提升对环境变化的适应能力和可用资源的利用效率，实现种族的不断繁衍。生物进化的历程充分展示了这一原则，物种通过自然选择的过程，不断地筛选出更加适应环境的特征，从而在复杂多变的生态系统中获得更多的生存机会。

在自然选择的过程中，物种往往需要在数量和质量、速度和力度以及繁衍和生存之间寻找一个平衡点。这一平衡点的寻找，本质上是对资源的优化配置和利用效率的最大化。例如，某些动物在食物丰富的季节会加速繁衍，但在资源稀缺时则会减缓繁殖速度，以保证后代的生存率。这种策略的背后，反映了物种对生存环境的深刻理解和精准适应。

在商业生态系统中，企业也需要像自然界中的物种一样，寻找适应环境的方式。<u>生意的翻倍并不意味着盲目追求规模的扩大和产出的增加，而是要在确保企业生存的前提下，进行合理的资源配置和效率优化。</u>企业的成长应当是一个全面的、有序的进化过程，它包括技术的革新、管理的优化、市场的拓展以及文化的培育等多方面的同步发展。

举例来说，一个企业如果在没有足够的市场需求和管理能力的情况下盲目扩大生产规模，很可能会导致资源的浪费和组织效率的下降。相反，如果企业能够根据市场的变化，灵活调整生产策略，稳步提高产品和服务质量，那么它就无惧市场风云变幻，实现稳健的增长和发展。

此外，企业在追求发展的同时，还需要注意维持生态平衡，即在获取利润的同时，也要考虑对环境的影响和社会责任。这一点在自然界中也有体现，很多物种在演化过程中发展出了与其他物种共生共存的能力，形成了稳定的生态系统。企业同样需要构建与社会、环境和其他企业良性互动的生态系统，形成可持续发展的商业模式。

从自然选择和生命进化的角度来看，企业发展不应该是单纯的规模扩张和产出增加，而应是一个全面考虑资源配置、效率优化和生态平衡的综合进化过程，但是却不必要所有的要素都实现翻倍。通过模拟自然界物种的进化策略，企业可以在复杂多变的市场环境中寻找到生存和发展的最佳路径。

2012年上映的电影《钱学森》中有个片段，钱学森先生回国后研制导弹，面临各方面条件都很欠缺的重重困难。一天，他看到学西洋歌剧的夫人蒋英却在练习中国昆曲，并说现在我们都回中国了。于是他深受启发："要以现有的条件重新制定系统，不求单项技术的先进性，只求总体技术的合理性，充分利用仅有资源。以总体设计负责对各个分系统的技术协调，提升改造现有的工业技术"。这个思路对于成功研制出导弹发挥了重要指导意义，对于其他方面也很有启发意义。

4.1 将比较优势发挥到极致

从商业运作角度来看，发挥比较优势是企业实现增长的关键。比较优势可以体现在多个方面，如技术创新、品牌影响力、成本控制和市场占有率等。例如，苹果公司凭借其在设计和用户体验上的比较优势，不仅在智能手机市场占有显著份额，还创造了巨大的品牌溢价；同样，华为通过在通信技术方面的领先地位，迅速成为全球通信设备领域的领导者。企业应当通过不断创新和提升自身独特的竞争力，最大限度地发挥其比较优势。

生意想翻倍，不需要全要素同步翻倍。企业可以通过聚焦某些关键要素，实现业务的快速扩展和盈利的增长。

企业可以通过优化资源配置，重点投入那些能够带来最大回报的领域，而不是试图在所有方面同时发力。以亚马逊为例，在其早期发展阶段，公司并没有试图在物流、技术和市场营销等所有领域同步扩展，而是选择了首先在客户体验上投入大量资源。这种策略使得亚马逊迅速建立了其在电商领域的领先地位，并为后续的多元化发展奠定了坚实基础。

企业可以通过战略合作和外包实现资源的高效利用，而不必在所有环节上自给自足。比如，耐克公司在生产制造上选择了外包模式，将生产环节交给具备成本优势的第三方工厂，而将更多的资源投入到品牌设计、建设和市场推广上。这种分工协作的方式不仅降低了生产成本，还使得耐克能够更专注于核心竞争力的提升，从而实现了业务的快速增长。

企业还可以通过技术创新来实现业务的倍增，而不必在所有方面同步增加投入。以理想汽车为例，这家公司通过在电池技术和自动驾驶技术上的突破，成功在电动汽车市场占据了一席之地。理想并没有在传统汽车制造的所有环节上进行同步投入，而是选择了在最具颠覆性的技术领域集中发力，从而实现了业务的快速扩展。

企业还可以通过精准的市场定位和品牌营销，实现业务的倍增效应。以星巴克为例，这家公司通过对消费群体的精准定位和独特的品牌体验，成功在全球范围内扩展业务。星巴克并没有在咖啡制作的所有环节上进行同步提升，而是通过独特的门店设计、优质的客户服务和创新的产品组合，创造了巨大的品牌价值和市场份额。

企业还可以通过聚焦运营效率来实现业务的翻倍增长。通过引入先进的管理工具和优化内部流程，企业可以在不增加大量投入的情况下，显著提升生产效率和服务质量。例如，丰田汽车通过引入精益生产模式，大幅度提升了生产效率和产品质量，从而在全球汽车市场中占据了重要地位。

企业要实现生意的翻倍增长，并不需要在所有要素上同步翻倍投入。通过优化资源配置、战略合作、技术创新、精准市场定位和提升运营效率等多种方式，企业可以在关键领域比较优势上集中发力，从而实现业务的快速扩展和盈利的增长。这不仅是企业实现长期可持续发展的有效途径，也是应对市场竞争和经济波动的智慧选择。

4.2 将短板补充到及格水平

经营生意就像参加一场漫长的马拉松，途中会遇到各种机遇和挑战。当我们面临增长瓶颈时，往往会陷入困惑，不知从何处着手。其实，答案或许就在我们自身的短板之中。

在补充短板方面，企业需要明确自身的弱点，并通过有效的策略进行改进。

短板往往是制约企业发展的瓶颈，比如供应链管理不善、产品质量控制不严、市场营销能力不足等。以特斯拉为例，早期的特斯拉在生产和交付环节存在诸多短板，导致产能无法满足市场需求。后来通过加强供应链管理和提高生产效率，特斯拉逐渐克服这些短板，最终实现了产销量的飞跃。

企业应当通过引进先进技术、加强员工培训和优化管理流程等方式，弥补短板，提升整体竞争力。

企业在资源有限的情况下，可以通过优化资源配置，将某些短板补充到及格水平，而无需追求全要素的同步提升。这样的策略不仅经济高效，还能在竞争中迅速提升企业的市场地位。

例如，对于一家技术驱动型企业，研发能力和创新水平是其核心竞争力的体现，但是如果其在其他部门如行政管理、后勤支持等方面存在短板，已经影响到企业的正常运行，那么补短板则成为制约企业发展的关键绩效指标。而对于这些短板的弥补，并不需要进行大规模的资源投入，只需补考及格。

　　企业应当识别出那些瓶颈因素,并进行重点突破。每个企业在发展过程中都会遇到各种各样的瓶颈,这些瓶颈往往是制约企业进一步发展的关键因素,也就是企业发展的不及格项。通过分析和识别这些瓶颈,企业可以有针对性地进行资源配置和优化。例如,一家生产制造型企业,如果发现生产效率低下是其主要瓶颈,可以通过引进先进的生产设备和优化生产流程来解决这一问题。

　　如果企业内部提升实在无法提高到及格线以上,那么企业可以通过借助外部资源来实现业务的突破。与其耗费大量资源在内部提升上,企业可以通过与外部合作伙伴的合作,快速获取所需的资源和能力。例如,通过与第三方物流公司的合作,企业可以满足基本的物流和配送能力,而无需在内部建设庞大的物流网络。通过这种方式,企业可以在短时间内恢复业务的正常增长。

　　企业还可以通过创新商业模式来补短板,而无需全要素同步提升。例如,采用共享经济模式,通过与其他企业共享资源,降低运营成本,实现快速扩张。或者通过数字化转型,利用大数据、人工智能等技术手段提升业务效率和客户体验,从而在市场竞争中占据优势地位。这些创新模式的采用,可以帮助企业在资源有限的情况下,快速补齐自身短板。

　　另外,企业文化和团队建设因对企业生产经营不产生直接作用,往往成为一家企业短板的"灰犀牛"。企业应当在关注主业的同时注重团队的建设和企业文化的塑造，通过激励机制、培训计划等手段，为员工积极性和创造力的提升提供物质和环境保障。

总而言之，企业在追求业务增长时，不需要全要素同步翻倍。<u>事实上，在多数情况下，全面提升的成本远高于局部优化所带来的收益。在资源有限的情况下，补齐短板，同样可以实现业绩的快速增长和市场竞争力的有效提升。</u>

4.3 追求发展的同时注重可持续性

在当今全球化的商业环境中，企业不仅要追求经济效益，更需注重可持续发展，企业的发展最终是为了实现经济效益和社会效益的统一，这意味着在经营过程中要注重环境保护、社会责任和治理结构的平衡与协调。这种综合性的管理理念和方法不仅有助于企业在市场中获得长期的竞争优势，还能增强其社会信誉和品牌价值，助力企业走得更加长远。

从商业运作的角度来看，企业实施可持续发展战略可以通过多种途径实现。

在环境保护方面，企业可以采用绿色生产技术，减少能源消耗和废物排放。这不仅可以降低生产成本，还能减少环境污染，提升企业的社会形象。例如，许多制造业企业已经开始采用循环经济模式，通过回收和再利用废旧材料，实现资源的高效利用。

在社会责任方面，企业应注重员工福利、社区发展和社会公益活动。这不仅可以提升员工满意度和忠诚度，还能增强企业的社会影响力。例如，企业可以通过提供职业培训和发展机会，提高员工的技能和能力，从而实现个人和企业的共同成长。此外，企业还可以积极参与社区建设，通过捐赠、志愿服务等方式回馈社会，树立良好的企业形象。

在治理结构方面，企业应建立透明、公正、高效的管理机制，确保决策过程的公开和透明，增强股东和利益相关者的信任。例如，企业可以通过设立独立的董事会和审计委员会，确保财务报告的准确性和透明度。此外，企业还应建立健全的风险管理和内部控制机制，及时识别和应对潜在风险，确保企业的稳健发展。

为了更好地评估和推动企业的可持续发展，ESG（环境、社会和治理）评价体系成为一种重要工具。ESG评价体系不仅可以帮助企业识别和管理与可持续发展相关的风险，还能提供有关企业环境保护、社会责任和治理结构的综合性评价，从而为投资者和其他利益相关者提供决策参考。

在环境方面，ESG评价体系通过评估企业的碳排放、水资源管理、废物处理等指标，衡量企业在环境保护方面的表现。例如，一家制造企业通过优化生产工艺，减少碳排放和废水排放，可以在ESG评价中获得较高的环境评分，从而吸引更多的绿色投资。

在社会责任方面，ESG评价体系通过评估企业的员工福利、劳工权益、社区贡献等指标，衡量企业在社会责任方面的表现。例如，一家零售企业通过提供公平的薪酬和良好的工作环境，提升员工的工作满意度和忠诚度，可以在ESG评价中获得较高的社会评分，从而增强企业的社会信誉。

在治理结构方面，ESG评价体系通过评估企业的董事会结构、管理透明度、风险管理等指标，衡量企业在治理结构方面的表现。例如，一家金融企业通过建立独立的董事会和审计委员会，确保决策过程的透明和公正，可以在ESG评价中获得较高的治理评分，从而提升企业的管理水平和市场竞争力。

ESG评价体系作为一种综合性评价工具，可以帮助企业识别和管理可持续发展相关的风险，推动企业在环境保护、社会责任和治理结构方面的全面提升。

商业追求发展的同时注重可持续性，是企业实现长远发展的必由之路。通过将可持续发展的理念融入企业的经营管理中，企业不仅可以提升自身的竞争力和品牌价值，还能为社会的进步和自然环境的保护做出积极贡献。

在未来的发展中，企业应继续坚持这一理念，不断创新，勇于承担责任，与社会各界共同努力，实现经济效益、社会效益与生态效益的和谐统一，推动人类社会的可持续发展。

总结提升

在商业世界中，资源的配置与利用往往能够成为企业成长速度与发展潜力的关键性因素。然而，许多企业家在追求业务增长时，常常陷入一个误区，即认为所有要素都必须同步翻倍。这种观念的局限性不仅限制了企业的创新思维，更可能导致资源的浪费和效率的低下。

从人生哲学的高度来看，商业的发展如同人的成长，不可能也不必要面面俱到。每个人的成长过程都是一个不断优化和调整的过程，重要的是找到那些关键要素并加以强化，而不是试图做到事事完美，通俗来讲，要做到在"一门精的基础上门门通"。对于企业来说，这个道理也同样适用，企业的成长不在于把每个要素都做到极致，而在于识别出那些对业务增长最具影响力的因素，并集中资源进行突破。

企业应当重视核心竞争力的建设。就像一个人在成长过程中需要找到自己的优势领域并加以发展，企业也需要明确自己的核心竞争力是什么。核心竞争力是企业在市场中立足的根本，是区别于竞争对手的关键所在。通过对核心竞争力的不断提升，企业能够在市场中占据更有利的位置，实现资源的最优配置。

企业应当学会有效利用杠杆效应。在人生哲学中，我们常常强调智慧和策略的重要性，认为智慧能够使人事半功倍。同样，对于企业来说，通过合理的杠杆效应，可以在不大幅增加投入的情况下，获得成倍的回报。例如，利用科技手段提高生产效率，或者通过战略合作实现资源共享，这些都是利用杠杆效应的典型方式。

企业还应当注重灵活应变和持续创新。人生是一场不断变化的旅程，需要我们不断适应新的环境和挑战。对于企业也是如此，市场环境瞬息万变，企业必须具备灵活应变的能力，才能在激烈的竞争中立于不败之地。这就要求企业建立起敏捷的组织结构和创新的企业文化，鼓励员工积极探索和尝试新的思路和方法。

最为重要的是，企业需要理解增长的真正意义。人生的意义不在于财富的积累，而在于不断提升自我、实现自我价值的过程。同样，企业增长的真正意义不在于数字的翻倍，而在于通过增长实现更高的价值和使命。企业在追求增长的过程中，应该始终坚持社会责任，关注可持续发展，真正为社会创造价值。

企业的成长和人生的成长一样，都需要智慧和策略，而不仅仅是资源的堆砌。通过明确核心竞争力，巧妙利用杠杆效应，灵活应变和持续创新，企业能够在全要素不同步翻倍的情况下，实现业务的翻倍甚至更多的增长。这不仅是商业运作的智慧，更是人生哲学在商业世界中的具体应用。我想每一位有担当的企业家都可以以此为指导，不断优化自己的投资哲学和企业的发展路径，追求更加高效和有意义的成长。

所有的发展最终都应归结于和谐的共存与共同的繁荣。

参考文献

1. 王劲松. 管理逻辑：把握商业本质的中国路径［M］.

北京：北京大学出版社，2023。

2爱德华·张伯伦.垄断竞争理论［M］.周文，译.北京：华夏出版社，2013。

3.黄乐平，邹传伟.元宇宙经济学［M］.北京：中信出版社，2023。

4.张琦.认知破局［M］.北京：北京联合出版公司，2023。

5.罗振宇.启发［M］.北京：新星出版社，2023。

后 记

150亿年的物理规律史和超过35亿年的生命进化史为我们提供了丰富的智慧积淀,当我们在面临困惑而无法直接找到思路时,不妨将自己置身浩瀚星空下,置身漫漫历史中,回到宇宙诞生之初,回到生命诞生之初,答案就在其间。

本书以经济商业领域一些重要和热点问题为脉络,辅之以生物学和物理学有关理论观点予以佐证,并且融入了一些哲学层面的思考,以期在生物、物理与经济、哲学多学科的合冶交融中呈现出别样的风格与价值,希望不同的读者会有不同的收获。正如生命在不断变化和进化中展现出的多样性和复杂性一样,这本书也希望能在不同层面为读者提供启发和思考的契机。

对生物学感兴趣的人,或许能从这本书中理解到生命的基本构造与运作方式,感受到自然界的神奇和奥妙;而对于物理学爱好者,这本书则提供了从微观粒子到宏观宇宙的深刻见解,使人们能够在更广阔的视野中看待自然规律和物质世界。

对经济学感兴趣的读者可能会发现这本书中的经济模型和分析框架,能够帮助我们更好地理解市场行为和经济现象,从而在现实经济活动中做出更加明智的决策。而哲学爱好者,则可以通过书中的哲思和辩证法,深入思考人生的意义、伦理道德和人类社会的本质问题,进而在精神层面获得升华和启迪。

这种多学科的交织与融合,不仅能够满足不同读者的知识需求,还能激发我们在各自领域中的创新思维和探索精神。知识的边界在不断拓展，而我们对世界和自身的理解也在不断深化。正如书中所传达的观点，学习和思考的过程本身就是一种乐趣和成就，无论是科学的探索还是哲学的思辨，都在引导我们追求真理和智慧。

同时，本书还希望能够激发读者的好奇心和求知欲，让我们在面对未知和挑战时，能够以开放的心态和积极的态度去探索和解决问题。

我们生活在一个信息爆炸的时代，知识的获取和更新速度前所未有地加快，这要求我们不仅要有扎实的学科基础，还要具备跨学科的视野和能力，从而在复杂多变的世界中应对自如。

总之，本书的写作初衷，就是希望能够为读者提供一种全新的视角和思考方式，使我们在阅读过程中不仅获取知识，更能触发深层次的思考和共鸣。希望读者们能够从中获得启发和快乐，不断追求知识和真理，在探索的道路上勇往直前。愿这本书能够成为你们心灵与智慧的良伴，共同迈向更加美好的未来。

最后，感谢所有为本书的出版而付出辛勤努力的同仁，正是因为你们的专业精神和无私奉献，才使得本书能够呈现在读者面前。本书也参考了一些文献资料，对这些作者一并表示感谢。囿于本人才识学力，书中不足之处在所难免，特别是多学科融合的很多观点，是自己学习思考后的一家之言，敬请各位方家和广大读者朋友批评指正。